JN044841

土に還(かえ)る

野辺送りの手帖

中島美千代

Nakajima Michiyo

ぷねうま舎

装丁＝矢部竜二
BowWow

はじめに

バブル時代と、その経済が崩壊したときのことを覚えているだろう。何を失い、何を得たのか、振り返ることで歴史はなんらかの示唆を与えてくれることがある。たとえば、食についても言えることがある。人生一〇〇年と言われるようになって、多くの人は何を考えたか。誰もが健康でいたいと思う、それは当然である。みんな、未来を見つめているのだ。その一方で、過去を養い、自らの身となってきた、かつての食生活を思い出さない人もいないだろう。

塩漬けされた保存食は貴重な物だった。塩分は、もっとも大切な、欠かすことのできない栄養素に違いない。汗をかく夏には、水分と塩分を意識してとるようにしたものだった。しかしそれは、よいことばかりとは言えなかった。

そしていま、私たちは健康づくりのために、まず食生活を見直すことになった。塩分控えめは当たり前である。糖分や脂質も少なめにする。血糖値を上げないために、食べるときはまず野菜からと、食べる順序にまで気を配るようになった。それでも美味しい物は食べられる。健康に気を配りながら、美味しく食べる工夫をするからである。

一〇〇年生きるかどうかは別として、最後に迎える死についても、準備万端のようである。かつては死について語ることさえ厭われたのに、いまでは「終活」が口にされ、遺言書の作成にすら抵抗感は少ないようだ。残された人が困らないように、自分の死後のことを考えておこうとするようになってきた。

そして迎える人生最後の儀式が葬儀である。かつて大切な人を見送ったときのことを思い返してみよう。近年の葬儀を経験して、昔との様変りに驚かない人はいないだろう。まず、葬儀ビジネスが発展し、細かな事情や手続きの細部にまで浸透して、葬儀のかたちそれ事態を別物に変えている。そもそも経験を積めることではない。いちいち判断のつかないことに出くわすが、そこは専門業者にすべてを任せられることになった。いかにも楽になり、便利になった、よいことづくめである。業者任せの簡便な葬儀は煩わしくなくていいと、誰しも思う。こうして、粛々（しゅくしゅく）と坦々（たんたん）と進む葬送の儀礼が「普通の葬式」となって浸透しているのだ。

人生最後の儀式とはいっても、葬儀をどのようにするのかは、死者あるいは「死にゆく私」の問題ではない。だから、そこにくっきりと見えてくるのは、死者がどんな「関係」の中を生きたのかということ、どんな共同体と、そこに堆積した文化の層とともに歳を重ねたのかということなのだ。死者は葬送を経験できないが、その儀礼には「彼（彼女）の生の全体像」が滲み出るはずだと言えるのではないか。

広範に拡がって、もはや現代の文化ともなっている「普通の葬式」には、地域に伝承された風習や、人間関係を通して守られてきた伝統がないことには誰もが気づいている。容易に言葉にはできないが、伝統文化としての葬儀のかたちばかりではなく、ほかにも大切なことが、かけがえのないものが失われているのではないだろうか。だが、それをあからさまに口にするのは憚(はばか)られる。かつてのような儀式のかたちに戻れないことを知っているからだ。そこで、昨今の健康ブームが、健康状態を示す各種の指標に気を配りながら、美味しく食べる工夫をするように、簡易な葬儀の中に、大切なもの、かけがえのないものを残していく手立てはないものかと考えるのだ。

さて、それでは失いたくない大切なものとは何だろうか。「故人の尊厳」だろうか。あるいは、「残された人の癒し」か。大切な人を失ったとき、それまで「私」を載せていた土台が崩れ去ったかのような崩落感覚や寄る辺なさから、何かにすがって癒されたいと思うのは、昔も今も変わらない。葬儀を終えたあと、悲しみから立ち直るためには何が必要なのだろうか。覚悟していた死ばかりではない——それでも悲しみの深さにかわりはないが——、突然死も逆縁もある。

癒されるための手がかりについて考えること、これは何も利己的な主題ではないだろう。深い悲しみの経験において人は誰しも、自分という檻に留まることはできないからだ。日頃の意識のかたちが破れたところで、おさえきれない涙とともに、人は「共感」を生きるからだ。

便利な葬儀になればなるほど、儀礼は形式がまさり、非日常的な「涙を媒介した共感」を呼び起こすきっかけは失われていくに違いない。もし、「私の死」を考えるなら——とはいえ、私が自らの死を経験できるわけではないのだが——、「私の死」から、残される人たちを癒すものとは何か、そのための方策とは何かを考える。これは、大切なことではないだろうか。そしてそれが、自分らしい葬送のあり方を考えるということではないか。

葬儀は文化である。そして、その文化は変わり続けている。地域の伝統や風習の大方はかたちとして残ってはいないけれど、儀式の最後にいきつく集落の火葬場はまだ残されている。この火葬場から、葬送の文化を逆向きにたどってみようと思う。

そこから、心を癒すものとはかつて何だったのか、伝統の儀礼に編み込まれたそのための工夫とは何かを考えてみたい。

現在の日本では、火葬以外の遺体処理を行うことは難しい。火葬は仏教とともに日本に伝わってきたと言われているが、その特徴と考えられるのは、短い時間で肉体を焼却し、骨化することである。それが死の穢れという観念を早く弱めたとされる。だから、火葬という方法は日本人の心情にも合ったのだろう。当然ながら、火葬を軸として組み立てられた葬送儀礼も、その心情に沿って編まれたに違いない。

まず、私が集落の古い火葬場を発見し、出会ったところからお話ししよう。

およそ三〇年前、田んぼの中に墓場と小さな建物とを発見した。それは三昧場で、建物は火葬場だった。地域の歴史や民俗史に関心のあった私は、その素朴さに興味を掻き立てられた。これがきっかけとなって、いくつもの火葬場を見てまわったが、どれも現在、使われてはいなかった。木造のもの、コンクリート製、ブロックを積んだだけのものなど、地域によって大きさやかたち、構造がそれぞれ異なっていた。

木立に埋もれる火葬場。

どれもが素朴でありながら、それなりの仕方で「死」を見つめた心がうかがえるものであった。

葬儀の最後の場所となる火葬場は、たんなる遺体焼却場ではなかった。最後の別れを告げる場所であり、そして会葬者で行う「骨上げ」によって死を確認する、つまり別れを事実として受け入れる場所だった。私は火葬場が葬送の場として果たす役割の大きさを知った。

現存する集落の火葬場は建物の中に焼却炉があるが、さらに昔は、「野焼き」といわれ、土を浅く掘り、あるいは石を積んで釜とし、そこで焼却したようである。この野焼き施設が、日本の火葬場の原型だろう。古くから火葬が普及した地域では、集落ごとに施設が存在したが、いまではほとんど姿を消した。それらの火葬場が使われなくなった理由の大方は、公営の火葬場ができたことにある。近年は火葬場を取り壊す集落が多くなった。一五年前の、全国に知れわたった「老夫婦火葬場心中事件」がきっかけの一つとなったようだ。

それでもまだ、郊外の農村や山間の集落では火葬場を残したままのところがある。中でも福井市獺ケ口という集落の火葬場はまだ使われていた。しかも村の男たちが隠亡役を務めていた。なぜ村での火葬を続けているのか。なぜ男たちは隠亡役を務めるのか。ここには喪家と地域の人たちと僧侶による昔ながらの葬送の文化が続いていた。

私は何度もこの集落を訪ね、人々に会った。驚いたことに、ここにはまだ、「村の土になりたい」という人たちがいた。濃密な土着の葬送の文化が、ここにあったのである。

「村の土になりたい」という人々の思いは私の胸に響いた。この思いを生んだ葬送の文化は、歴史と風土が育んだものだろう。

近代的な公営の葬祭場があるのに、なぜいまも村の火葬場を使うのか。「走る仏壇」と言われた宮型霊柩車（みやがたれいきゅうしゃ）がとっくに姿を消し、リンカーン・コンチネンタルを基（もとい）にした洋型の霊柩車が滑るように走っているのに、ここには野辺送りという葬列があった。都市部からわずか一五キロメートルほどしか離れていない地域で、昔からの風習を受け継いだ葬儀が行われていたのである。

都市部と同じような住宅に住み、似たような食事をし、変わらないテレビ番組を観る。社会情勢はもちろん、インターネットもあってさまざまな情報も届いている。それなのに葬送の文化はまったく異なる。彼らは何を守り続けているのだろうか。そこには、どのような風習が伝承されているのだろうか。

この集落には神社と寺院、道場と火葬場があった。道場とは武道の稽古を行う施設ではない。小さなお寺であった。

また、獺ケ口を入り口とする谷間の芦見地区には、芦見川に沿って七つの小さな集落があった。最も小さい集落は五戸。多くても一五戸である。峻嶮な山の支脈に囲まれているため、まとまって一つの集落を成すことができない。美しい自然と澄んだ空気に恵まれているが、閉ざされた地形であり、特殊な自然環境であった。豪雪地帯でもある。芦見地区の出入り口となる峠や道が開かれたのは、わずか数十年前である。ここにも集落ごとに神社と道場と火葬場があった。七つの火葬場は、現在はどれも使用されていない。しかしもう使わないと決められたわけではなかった。

日本では芦見地区より厳しい環境にも人が住んでいる。複雑な地形や自然の厳しさがある。福井県内にも芦見地区に負けない豪雪地帯はある。しかし、数百年前から、たった五戸でも、神社と道場と火葬場のある集落は、日本中で芦見地区だけではないだろうか。

命あるものは老いていく。死は突然に、あるいはゆっくりと近づいてくる。葬儀が遺族の手を離れ、業者に委ねられる時代になった。これは人が薄情になったのではない。残念なことでもない。政治や経済の変化は文化のかたちを変える。自然なことである。しかし、守り続けてきたものが、何をきっかけに変化したのだろうか。なぜ、守ることが困難になったのか。人がどう生きてきたのか。死をどう受け止めてきたのか。これらを知っておくこと、少なくとも考えておくことは大事だろう。

表題を「土に還る——野辺送りの手帖」としたのは、少し前に経験した葬儀を思い出し、自分はどんなふうに送られたいのか書きとめてみたいと思ったからである。便利な葬儀も悪くない。だが、自分のためにも、残される人のためにも、大切なものには丸印をつけておきたい。

それでは、私が何度も足を運んだ美しい村へご案内しよう。数百年も前から続いている葬送の文化を知る旅である。その経験は、きっと未来に生かされるだろうから。

土に還る——野辺送りの手帖◆目次

序　章　土着の文化を知る

集落の火葬場を見てみよう

五月の半ば、福井市獺ケ口（うそがぐち）の集落を囲む山々は新緑に覆われて、自然のほとばしる生命を感じさせた。初夏の光が微風に溶け、青い空も山も眩（まばゆ）いばかりであった。

獺ケ口は平成一八（二〇〇六）年、「平成の大合併」でほかの二つの町村とともに福井市と合併した。それで現在は福井市獺ケ口町だが、合併前までは足羽郡美山町（あすわぐんみやまちょう）獺ケ口であった。美山町という自治体名は消えたが、学校名やその地域を指す

獺ケ口の春。

ときは、いまでも美山、あるいは美山町と言う。誰もが何の違和感もなく普通に口にする。むしろ、この方が場所も特定しやすいし、環境も想定しやすい。だから私も便宜上、美山町とする。美山町は福井市の東部にあり、東は大野市、南は池田町、北は永平寺町などと接している山村である。

獺ケ口に流れる芦見川（あしみかわ）は前日の雨で水嵩（みずかさ）を増し、高い音を立てて流れていた。大きな岩にぶつかり、落下し、また岩にぶつかりながら流れていく。聞こえるのは、水の音だけである。この芦見川は獺ケ口橋を渡った奥の、芦見地区から流れてくるのである。この川が獺ケ口で足羽川（あすわがわ）に合流するのだが、そこには大岩があって淵をなしている。岐阜県境の冠山（かんむりやま）を源とする足羽川は、美山町の中心部で大きな弧を描き、すでに上味見川（かみあじみがわ）、羽生川（はにゅうがわ）と合流しているので流れに勢いがある。ここで芦見川と合流した足羽川は川幅を一気に拡げ、美山町を貫通していくのである。さらに何度かの合流を繰り返しながら、日本海へと流れ出るのだ。

この集落に三昧場（さんまいば）がある。三昧場とは、一般的には墓地のことをいうが、火葬場を指すこともある。福井県の北部の郊外にいけばあちこちにあるけれど、それらの火葬場はもう使われてはいない。だが、獺ケ口の火葬場はこれからも使われるようだ。死者が出ると、遠縁の男が四人から六人で隠坊を務める風習がある。隠坊とは、御坊、陰亡、隠坊などと書く。「火葬・土葬などによる死骸の処理や墓地・火葬場の管理を主たる職業とした者」で、「隠坊とは賤視された」ようだ。獺ケ口には隠坊を職業とする人はいない。だから隠坊役としよう。この集落の男たちは、なぜ隠坊役を担うのか。ここにはなぜ古くから隠坊役の文化が根強く受け継がれているのか。そのわけが知りたくて私は獺ケ口へくる。

獺ケ口へはもう何度もきているのだが、季節が異なると風景の色合いが違う。風も、瀬音の高さも違う。早春にはまだ土蔵の壁に吊ってあった玉ねぎもなくなっている。もうすぐ、新玉ねぎが吊るされるのだろう。

民家のあるところを抜けると、田んぼと畑の間に舗装した細い道がある。軽トラックが一台通れる幅だ。そこからはもう三昧場が見える。田畑も三昧場も、背後の高い山も朝陽を受けて明るい。田んぼの水が朝陽を反射していた。五月の朝陽は鋭くもなく、早春の頼りなさもなく、大きく深呼吸したくなるような気分にさせた。

一〇〇メートルほどいって左に曲がる。あぜ道にたんぽぽが咲き、あざみが蕾をつけていた。小さく区切った畑ではじゃがいもの苗が葉を茂らせ、シソが五センチほど伸びている。

三昧場から少し下がった道を、右側の草地から左側の墓地へ、動物が横切った。大きな猫のようだが、鼻と口が尖っていて、尻尾は太くて長い。狸かイタチか、あるいは別の生き物か。すぐに隠れてしまった。

初めて獺ケ口にきたのは平成二五（二〇一三）年の二月下旬だった。火葬場が雪に覆われている様子を見たかった。山際（やまぎわ）にはまだ雪があるだろうが、道は開いていると思っていた。

美山町は豪雪地帯なので、車に長靴とスコップを積んできたが、まったく不要であった。雪を掻き分けて進もうとしたわけではなく、万が一、雪で車が動かなくなったときの用心である。この年は市街地も雪が少なく、雪国と称される地方にしてはめずらしい冬だった。美山町も雪は田畑に残っているだけだったが、寒さは厳しく、山陰（やまかげ）の道路には融けない雪が凍りついていた。

実は獺ケ口にくる前に、少し手前にある大久保という集落にも火葬場があるというので寄ってみた。山際にある木造の倉庫のようで、まわりがきれいに片づいている。山際にある場合、たいていは山道を上（のぼ）っていくのに、ここは少し下（くだ）っていく。木立の陰になるので屋根にも冬枯れの草の上にも、うっすらと雪が積もっていた。夏にはまわりに草が生い茂り、屋根の上まで木の枝がかぶさる勢いで伸びるのだろう。

足羽川を挟んで大久保の向かい側の小和清水（こわしょうず）にも道路沿いに三昧場があるが、ここの火葬場も使われていない。ブロックで囲ったかたちで、そう古いものではない。正面の半分をブロックで塞（ふさ）いであり、中の釜が見えないようになっている。釜はコンクリート製で、鉄板でできた蓋はめくってあった。こんなふうに、集落の火葬場が、あちこちに残っている。

小和清水の三昧場の後ろを、足羽川がゆうゆうと流れている。少し上流の獺ケ口で芦見川と合流した川の水量は多く、流れも速い。火葬場の横の道路はそのまま岩屋橋に延びている。橋を降りると、小さな四角いポストが立っている。そこから民家が並んでいた。ここが獺ケ口の集落である。

まずは集落の中を歩いてみることにする。背後に山が迫っているので、緩(ゆる)い坂道を挟んで民家が接近して建っている。豪雪地帯なのに道幅は狭い。サイジングの外壁を貼った家が並ぶのは、市街地と変わらない。違うのは民家と民家の間に土蔵や納屋のあることだ。しかしこれも、農村ではよく見る風景である。あちこちの家の前に太く平たいホースが延びていて、山の水を利用した融雪装置がつくってあった。

民家を過ぎたあたりの急な坂の上に寺院があり、風雪を防ぐために本堂にはブルーシートが張ってある。本堂の前にもホースの融雪装置が長く延びていた。この寺院は浄土真宗本願寺派松賢山正玄寺である。元は天台宗平泉寺末だったようだが浄土真宗八世、蓮如の吉崎（現・あわら市吉崎）進出によって転派している。正玄寺のすぐ後ろは白山神社だ。芦見川沿いに歩いていくと、立派なふれあい会館があった。

獺ケ口の火葬場は、民家から離れた山と山の襞に隠れるように建っていた。古い木造で、杉木立の深い影に包まれている。雪はまったくなかった。伸びた笹の木がだらりと火葬場の前にさがっているので、それをくぐって近づいた。

まるで住宅でも建てるような太い梁が通してある。柱も太い。屋根には瓦が葺いてあり、下屋はトタンだ。青い塗装が大方剥げている。火葬場の前に薪があり、灯油を入れてきた一升瓶が置いてあった。

民俗史の中から葬儀を外すことはできない。葬儀は文化なのだ。葬儀にこそ、土着の文化があるのではないか。火葬場は地域によって建てる場所もかたちも違う。

だから火葬場からは、その集落の歴史や風土、暮らしが見えるに違いない。

私がそう思うようになったのは、いくつもの火葬場を見てからだ。頑丈なコンクリート製で、入り口も固く閉ざされて中がまったく見えないものから、屋根だけがあって、棺を入れる釜が丸見えのものもある。見れば見るほどその村の何かが見えてくるように思った。

「はじめに」に触れた通り、三〇年くらい前のある日、私は福井市から北にある坂井平野の、広大な田んぼに延びる道路を車で走っていた。その日は風の強い日で、稲は波のようにうねっていた。それは大地を揺るがす風の力が目に見えるようであり、起き上がった稲は生きる力を見せつけていた。その波の中に、墓場と木造の建物とがあるのに気がついた。何度も通っている道なのに、それは突然現れたように視界に飛び込んできた。激しく揺れ動く稲穂と、微動だにしない建物とが印象的だったのかもしれない。

墓地にある小屋かと思ったが、小屋にしては入り口の戸がない。墓地の小屋に大事なものがあるとも思えないから、戸がなくてもいいのだろう。そんな思いで通り過ぎたのだが、同じように墓地と建物とがあるところがいくつもあって、ようやく私は建物に煙突のあることに気づいた。そのころはまだ三昧場というものも、集落ごとに火葬場を持っていることも知らず、単に墓場と思っていたのだ。

　ところが一度煙突が気になると、何の建物か確かめなくては気持ちが納まらなくなってしまう。まさかゴミの焼却場ではないだろう。それで別の日に通ったとき、中がよく見えそうな建物を見にいってみた。中にあったのは、コンクリートでつくった長方形の囲いである。その下方にある焚口。これは火葬場だとわかった。

　私は火葬場に興味を持つようになった。地域の史誌を読んでみると、生活や冠婚葬祭についてはかなり詳しく記してある。しかし火葬場や火葬の方法については、さらりと書いてあるだけだ。それで郊外へいくときは、三昧場を注意して見るようになった。火葬場のある場所を知るのは簡単だった。郡部の住宅地図を見ると、墓地と同じように火葬場が記入してある。

田んぼの中の火葬場。隠坊さんは、手前の石に座って酒を呑む。

はじめのころに見た火葬場は、コンクリートやブロックを積んで建てたもの、あるいは木造の小屋のようなものばかりだった。山間部ではたいてい山の際にあり、平野部の農村では田んぼの中だ。

いろんな火葬場を見てみたいと思うようになったのは、曹洞宗大本山永平寺のある永平寺町と、その近辺の火葬場を見てからである。そこでは屋根と、それを支える四本か六本の柱しかなかった。囲うものがない。相撲の土俵を思い浮かべてほしい。土俵は丸いけれど、あれを長方形にして屋根だけをつくったかたちだ。棺を入れる釜は丸見えである。蓋(ふた)は鉄板か、それさえないところもある。前日から田んぼの用水路に浸しておいた筵(むしろ)を棺にかぶせて蒸し焼きにする。いかにも野焼きという感じだ。こういうかたちはあっけらかんとした雰囲気で、山の際にあっても陰気とは思えない。隠坊が遺体を焼却していても、農作業でもしているかのような雰囲気に違いない。

どの屋根にも瓦が葺(ふ)いてあって、簡単な構造だが、「死」を軽んじない心が表れているようだった。そこに、その村の火葬の文化が見える。大切にしている何かがあるのだろう。私はそれを知りたかった。こんなかたちの火葬場は、他の地域には見当たらない。だが、永平寺町のものはすべてこのかたちかといえば、そうでもなかった。コンクリートづくりで、入り口だけ半分開いているものもある。建設したのが、遅い時期だったのかもしれない。

郊外に住む友人に、火葬場に関心を持っていると言ってみたことがある。友人はうんざりした表情をしたが、自分の家の近くに古い火葬場があると教えてくれ、その場所まで車で連れていってくれた。山際の広い三昧場だった。薄暗く、湿気もあって、三昧場の入り口に立っただけで、冷たい風が地面を這ってくるようだった。車から降りたものの、友人は動かず、「ここで待ってる」と言う。「なぜ」と訊くと、「霊がいっぱいいる」と言う。

霊とはなんだ。死んだ人の霊、つまり肉体から離れた霊魂か。私はたくさんの三昧場をまわったが、霊がいると感じたことはない。

「霊がいると、どうなるの」

「つく」

「どんなふうに」

「肩についたり……」

「それで、どうなるの」

「肩が急に重くなる。しばらくすると、さっと軽くなるけど」

私は、それは気のせいだろうとは言わなかった。世の中には霊感が強いという人もいるからだ。「霊がいる」というより、気味が悪い。山の陰にある古い火葬場の多くは気味の悪いものだ。恐ろしいと思うときもある。好奇心のほうが勝っているから近づくことができる。だが、蔦で覆われてほとんどかたちが見えないときは、離れて見る。場所、構造、そして古さによって雰囲気がまるで違う。

その火葬場はコンクリートづくりで黒ずみ、大きな煙突が横に立っていた。正面の両開きの扉は閉まっていて、中が見えない。火葬場の裏には、山肌を削ってつくった横穴があり、そこには陶器のかけらのような細かい白い骨がたくさんあった。その前には、白い百合が透明な瓶にさしてある。

すぐそばに、藩政時代の年号を刻んだ小さな墓が苔むして並んでいた。「霊がいっぱいいる」などと友人が余計なことを言うから、背中が寒かった。墓地は気味が悪いというのは霊がいると思うからかもしれないと、このとき初めて思いついた。霊を感じなくても、いると思うことはできる。私は火葬場をカメラに収めて車に戻った。

「あの火葬場は、いつごろまで使っていたの」

「知らんわ」

と、そっけない。

「私、霊はつかんかったわ」

霊を感じない私は執拗に繰り返す。

「そうか。つきやすい人と、そうでない人がいる」

私はつきにくい人なのだろうか。もっとも、霊の存在を信じてはいないのだが。

友人はこの近くに住んで三〇年は経っている。その前からここは使われていないということだろう。火葬場の裏の、土壁に掘られた横穴の中にある骨の白さが不思議だった。何十年も雨や雪を被（かぶ）っても、汚れてはいない。変色もしないものらしい。

透明な瓶にさした白い百合といっしょに、その骨の白さは火葬場よりも長く私の記憶に残った。

私が見て歩いた火葬場は、福井市やその周辺のものが多い。それだけの範囲でもけっこうな数になった。古びた木造で板が剥がれたもの、屋根が崩れているものなど、朽ちていく火葬場には不気味さと寂寥感（せきりょうかん）がある。何十年も生きた人がこの素朴な火葬場で灰になったという記憶まで遠のくような、もの哀（がな）しさが漂っているのである。

だけど中には、グッドデザイン賞でもあげたいと思うものもある。坂井平野の春（はる）江町定広（えちょうさだひろ）にある木造瓦葺のこじんまりした火葬場がそれだ。板戸で正面の入り口が塞（ふさ）いであった。庇（ひさし）がないので雨や雪のときには隠坊は濡れただろうが、建物のかたちがシンプルでいい。正面から見ると裾広がりのAラインの線が格好いいのだ。時代劇で殿様が乗る籠のかたちに似ている。幅の狭い板を横に使って張ってあり、両開きの扉も同じ板張りである。どこからも中は見えない。田んぼの中で陽当たりがいいから乾いた板の木目（もくめ）が浮いて、それもきれいだった。気味が悪いとはまったく感じない。火葬場だから気味が悪いとか恐ろしいということはないと、このときに思った。

しかし集落ごとに三昧場を持っていることにも、獺ケ口のようにこれからも使う火葬場があることにも驚いた。だが、その素朴な火葬場もやがては消えていくのだろう。

葬儀をはじめとして、死に関わるものは忌み嫌われることが多い。歴史博物館は古墳の解説や石棺を展示し、昭和の駄菓子屋を再現してみせることはあっても、古い火葬場に触れることはない。これらの火葬場といっしょに、葬送の風習も伝承された文化もやがて見えなくなっていく。

獺ケ口の人々との出会い

美山町は町の九割が山林であるから、獺ケ口も四、五〇〇メートルの山に囲まれている。その山の間から、北東の方角に標高七九九メートルの剣ケ岳が頭を出している。そしてこれも七〇〇メートル以上はある白椿山と飯降山が連なる。民家があるところは、大きなすり鉢の底になるのだ。しかし、そのすり鉢は半分に割れている。つまり集落の前方が開けている。すぐ前を足羽川が流れているが、そこに立派な岩屋橋があり、さらにまた山沿いに伸びる道路が整備されている。暮らしに交通の不便はない。

だが、それは岩屋橋ができてからのことだ。福井市から大野市に通じる県道一五八号線は、かつて美濃街道とよばれていたが、獺ケ口からみれば、その街道は足羽川の向こうにあった。だから対岸の小和清水へも容易にはいけない。橋ができたのは昭和四（一九二九）年である。それも美山町の篤志家による寄附金を基に、労力の提供もあって架設された。長さ一八〇尺（約五・四キロメートル）の太いワイヤーで吊り、これに長さ七四間半（約一三四メートル）の鉄筋コンクリート桟橋を架けたものだ。この橋の完成で獺ケ口の環境は大きく変わった。「本橋により獺ケ口・小和清水間はいふに及ばず、芦見村民の利便思ひ知るべきなり」であった。芦見村とは獺ケ口から奥へ入った集落である。自動車の普及に合わせて永久橋に架けかえられたのは、昭和三三（一九五八）年一二月であった。

国鉄（当時）・越美北線の福井―勝原間が開通したのが昭和三五（一九六〇）年。昭和一〇（一九三五）年に着工したが、第二次世界大戦の影響による二〇年の空白期間を経ての開通である。この電車が小和清水駅に止まり、岩屋橋を渡れば獺ケ口へいける。つまり獺ケ口へは戦後一五年たって、ようやく楽に移動できるようになったということだ。

昔は隣の大久保という集落へいくにも山を越えなければならなかった。背後は高い山、前は大きな川、隣の集落へは山越えという地形は、その風景は美しく開かれていても、環境としては閉ざされていたことを意味している。川の幅は広く、流れは速い。美濃街道は見えていても利用できない。なんと切なく、はがゆい地形だろう。現在は足羽川の右岸にも左岸にも道路があり、近隣の集落にもすぐにいける。

岩屋橋から瀬ケ口集落をのぞむ。

岩屋橋の上から上流を見ていても、下流を見ていても飽きることはない。足羽川に合流しようとする芦見川は、大岩で淵をなしているために水は一瞬のためらいを見せる。それから足羽川に向かって勢いをつける。高速自動車道の流れに乗るべく、インターから入ろうとする自動車の流れのようだ。岩屋橋をくぐった足羽川は川幅を広げてゆうゆうと流れる。川面は銀色に光り、山々は緑濃く聳(そび)えている。自然の厳しさは百も承知だが、こうした風景を眺めていると、それらを忘れてしまう。

何度か獺ケ口にきているうち、私は芦見川に架かる獺ケ口橋の上に車を止めるようになっていた。橋の幅に余裕がある。この橋を渡って、奥の芦見地区へいくのである。橋には「リズムの森まで六キロ」というキャンプ場への案内の看板があるが、橋を渡っていく車を見たのは一度だけだった。

獺ケ口橋の手前にある民家を二軒過ぎると、緩(ゆる)く上(のぼ)る坂道になる。畑があって、棚田になった小さな田んぼが続く。軽トラックの荷台に小学校低学年の男の子が長靴を履いて立っていた。父親らしい男性が畑で仕事をしている。それで、ああ日曜日だと思う。男の子は父親の手伝いをするつもりで長靴を履いてきたが、その気にならず、気持ちのいい陽射しと風の中で父親の作業を見ていたようだ。

その子はじっと私を見ていた。横を通るとき、「おはようございます」と声をかけてくれる。「はい、おはようございます」と応えると、すぐに「誰のおばあちゃん?」と訊いてきた。子どもは正直であり、彼は不思議に思ったことを無邪気に口にできる年齢なのだ。「誰の」ということは、この集落にもっと子どもがいるということだ。父親は、背中で聞いていた。

「あのね。誰のでもないの。歩いているだけよ」

男の子は何も言わない。不思議そうに私を見ている。これまでに集落の中を散歩する余所(よそ)の人はいなかったのだろう。この子はおそらく、集落の人全員を知っている。初めて見る人がどこの家を訪ねてきたのか、興味津々なのだ。大人になったら、父親のように勤めと農作業をこなしていくのだろう。子が親から受け継いでいくのは遺伝子だけではない。生活習慣もそうだ。そして、その中には獺ケ口という集落の風習も入るだろう。

春を楽しむ獺ケ口の人々。この道を野辺送りが通り、奥の三昧場へ向かう。

男の子に声をかけられて、私が初めて獺ケ口で出会った人たちを思い出した。村をひと巡りして三昧場へ向かうとき、民家から一〇〇メートルほど離れた道の真ん中に一人、端の方に一人、高齢の男性が座っていた。彼らは何も敷かずに、舗装した狭い道に座って談笑している。まるで家の中にいるように脚を伸ばして。私を見ると話をやめ、二人ともじっとこちらを見ている。近づいて、「こんにちは」と声をかけた。彼らも「あい」と答えてくれたが、すぐに「どこ、いくの」と訊いてきた。道の先には三昧場しかない。「火葬場を見にきたんです」と言う私を、彼らは不思議なものでも見るように見送っていた。

火葬場を見て引き返すと、まだ彼らの談笑は続いていた。一人が、どうだったと目で訊いてくる。私は二人の男性の間に、彼らと同じように何も敷かずに座った。「アッ、あったかい」と思わず声が出た。二人は大きな口を開けて笑った。舗装した部分が陽で十分温まって、電気座布団のように温かかった。

土建屋を営む谷口幸男と、宮本久志が日向の温もりを楽しんでいたのだ。私はこんな春の楽しみ方を初めて知った。うらうらとした陽射しが冬枯れの田畑にも、道にも民家にも溢れている。割り込んだ私が火葬場を見にきたわけを話すと、谷口が村の暮らしを教えてくれた。

獺ケ口の戸数は三五。人口は約一五〇人。ひとり暮らしの高齢者も若い人もいて、余所へ働きにいく。農業は日曜日の仕事だ。村の最高齢者は男が八四歳、女が九〇歳と、谷口はよどみなく答えてくれる。そして自分は七六歳と言って、宮本の顔を見る。「八二」と宮本が言った。

九割が山林という美山町の主な産業は、かつては林業と養蚕だった。農業は耕地面積が少ないことから自給自足程度。藩政時代は天然の雑木林に富んでいたことから、多くの炭窯（すみがま）をもって木炭を産出し、「福井藩や大野藩の燃料をまかなってきた」という歴史がある。また割木（わりき）の売れ行きも好調であった。だが永い年月のうちには製炭材も減少してくる。次第に人工造林が進み、現在の美しい杉林になったのだ。

明治、大正年間は養蚕が盛んで、美山町全戸数の八割以上が多少なりとも蚕を飼育していた。各区に養蚕組合があり、指導者を招いて稚蚕（ちさん）の共同飼育や成繭（せいけん）の共同販売に力を入れていた。だがそれも昭和一〇年代になると衰退をみる。後に道路も整備され、トンネルも開通したことで、福井市の市街地まで二〇分もかからなくなった。また、この地区から美山町の中心部までは信号が二つあるだけだ。人々は安定した収入を求めて働きに出るようになった。

昭和五五（一九八〇）年の国勢調査によれば、戸数三九のすべてが兼業農家である。そのうち一軒が菓子店も営んでいる。おそらく子どもを相手にした駄菓子屋でなかったただろうか。ほかに、僧侶の家が一戸、会社員の住宅が三戸あるが、雑貨屋、酒屋、魚屋、理美容院、医師、公務員の住居はない。あとは林業との兼業であろう。しかし現在、谷口は土建業を営み、ほかには大工を生業とする人や公務員もいる。道路の整備にともない、さまざまな職業につくことが可能になったのだ。

やがて葬儀の話におよぶと、喪家に金がなくても葬式ができるように、香典の他に食材などを持っていくと谷口が言う。他人、遠い親戚、家中が悔やみにいくような近い親戚と、順に負担の量が決まっている。

香典のほかに食材などを持っていくというのはいいなと思う。濃厚な人の匂いと温もりを感じる。それぞれの畑からとったばかりの野菜がササッと泥を払われて玄関に並ぶ光景が目に浮かぶ。同じ野菜が集まっても、主婦の腕で幾種類もの惣菜に

瀬ケ口の集落。

なっていく。宮本は黙って聞いているのだが、ときどき谷口の話を訂正する。すると二人は「そうやったけ」、「そうやさ」と言い合い、合意の結果を谷口が語ってくれる。

「おれは村で焼いてほしいなあ。この村の土になりたいで」

谷口が言うと宮本も頷く。しかし家族が市の火葬場へいくと言ったら、それはかなわないことだ。女が台所をしたがらなくなった。食べ物を取り寄せるようになると、それなら街の火葬場へいこうということになってしまう。女が台所をするというのは、喪家の人や手伝いの人たちの食事づくりをするということだ。死者が出ると、その家の人は台所に立たない。そのために香典と一緒に持ってきた食材を使って、煮物やあえ物をつくるのだろう。喪家のための食事づくりは獺ケ口だけの風習ではない。市街地でも向こう三軒両隣の人が、喪家の台所を使って食事の用意をした。食材は近くの八百屋へ、葬儀社から渡された通い帳を持って買いにいく。葬儀が終わってから喪家が精算にいくのだ。しかしとっくの昔にこの風習はなくなっている。

この風習が失われたのには近所に迷惑をかけたくないという気持ちがある。その背後には近所の人を台所に入れたくないという思いもある。冷蔵庫から米櫃の中まで覗かれるからだ。だから食事は葬儀社が用意するパンフレットで選ぶか、人手があれば弁当屋へ買いにいくことになる。もっともいまでは通い帳を持っていく先の八百屋もないのだけれど。さらに葬儀の準備も、遠来の客もみんな近所の人に知られてしまう。プライバシーを覗かれたくない。だから市街地の人は台所の手伝いを頼まなくなった。

　福井市と合併するまでの美山町には、公営の火葬場がなかった。何かの事情で集落の火葬場が使えないときは、隣の大野市か福井市までいくことになる。集落の火葬場が長く使われてきた理由はここにもある。だが、合併した福井市には、平成一一（一九九九）年に近代的な葬祭場が完成している。美山町の住民は福井市民として、この火葬場を使用できるようになったのである。ちなみに一二歳以上の者の火葬については、市民は一体につき一万円だが、市外の者は五万円である。どこの自治体も使用料においては市民と市民以外の区別をしている。合併によって市民として使用できるようになった公営の葬祭場が登場した。それは集落の火葬場の衰退のはじまりでもあった。だが、獺ケ口の火葬場はいまも使われている。

「ほやけど家族葬はこの村には馴染まんな。もらったものは返さなあかんから」

　谷口の言葉に、また宮本が頷いた。

　井戸端会議ならぬ道端会議が続いているとき、民家のほうから高齢の男性が歩い

野辺送り。

てきた。村の男が二人と、どこかの女が一人、道に座って喋っている。いったい何事かと思ったのだろう。訝しげな顔で「何してるんや」と言って仲間になった。周りの高い山のこと、雪のことなど話はひろがる。

「雪は多いと一メートルから二メートルは積もるな」

「雪が降ったら、葬列のために除雪してもらえるんや」

三人の話を聞きながら、私はかつて偶然に見た農村の野辺送りを思い出していた。辻ろうそくを持った男性が先頭を歩いていた。少し間をおいて、提灯を結んだ竹を持った男性が二人。その後を喪主が続く。仏壇のような立派な輿には車がついていて、それを引きながら三昧場へ向かっていた。喪服を着た大勢の男女の、遅れたり離れたりしながらの長い葬列だった。真っ青な秋空の下、葬列は哀しみと少しばかりののどかさをにじませて、ゆっくりと田んぼの中を進んでいった。

火葬場では、すでに葬儀社の社員が火葬の準備をして待っていた。隠坊ではないとわかったのは、彼が白いワイシャツに紺のネクタイを締め、葬儀社の制服を着ていたからだ。棺は輿から降ろされて、最後の別れになる。蓋を取った棺を順番に覗き込んでいる。話しかける人もいた。

棺を釜に入れると、喪主が火をつけた。焚口から朱色の火が見える。やがて葬列はばらばらになりながら、きたときよりもゆっくりと戻っていく。葬儀社の社員が焚口を覗いて燃え具合を確認していた。屋根の後方にある煙突から煙が出てくる。辺り一面が灰色の靄に包まれた。煙は流れていかずに三昧場を漂っているのだ。風のない日だった。私はしんみりとした気持ちで眺めながら、目に焼きつけていた。

獺ケ口の野辺送りの葬列は、行きか帰りのどちらかに、私たちが座っている道を通るという。集落によって葬列のかたちは違うのだろうが、喪家から出た葬列がゆっくりと進む光景が私には見えた。新緑のころも紅葉のころも、雪の日も風花の舞う日も、死者が高齢者なら、哀しみと少しばかりののどかさを合わせて、ゆっくりと進んでいくのだ、故人と少しでも長く一緒にいたいというふうに。きた道と違う道を通るのは、家に戻ろうとする霊魂を迷わせるためらしい。

　四人の道端会議は弾んでいたが、太陽は山の向こうに隠れていた。二月の下旬、午後四時の風はぞくぞくする寒気を連れてくる。お尻の下のアスファルトからも陽の温もりはとっくに消えていた。冷えてくるばかりだ。四人でいっしょに立ち上がった。道の脇にある用水路を、雪解けの水が音を立てて流れている。

　集落を出てから少し車を走らせると、そば処「ごっつあん」がある。冷え切った体を温めるために、温かいそばを食べることにした。店では四角い大きなストーブが、ゴーゴーと音を立てている。すぐそばにもう一つ、丸いストーブが真っ赤に燃えている。七〇歳くらいの女性が二人、丸いストーブにあたっていたが、威勢よく「いらっしゃいませ」と言うと、カウンターの中へ入っていった。

I　野辺送りという文化

第一章　晩秋の三昧場

隠坊デビュー

いまのところ、最後に獺ケ口の火葬場を使ったのは平成二三（二〇一一）年だという。森本敦子の義父が亡くなったときだ。死者が出ると、隠坊役（おんぼうやく）の人が葬儀の前日に火葬場を掃除し、火葬の準備をする。おが屑に灯油を混ぜておく。炭は二俵、あとは薪。釜に薪を一列に敷いておく。

村によって隠坊が違う。かつて大久保という集落には隠坊がいた。小和清水（こわしょうず）では近い親戚の者が隠坊役を務めていた。獺ケ口では喪家の遠縁の者が隠坊役を務める。森本家の火葬は秋田正志が一番手を務めた。秋田は隠坊役の第一人者である。彼は六〇代半ばの現役の大工だ。短髪、陽にやけた顔、痩身の体軀（たいく）はいかにも身が軽そうだ。いくつもポケットのついた紺色のベストがよく似合っていた。

この村では最初に火葬に着手する一番手が三人いる。途中で替わる二番手が三人と、一人の火葬に六人が隠坊役になるのだ。これだけの人が関わる火葬はめずらしい。

火葬にはおよそ二時間かかる。途中で一番手に酒と料理が届く。

「お轆（ろく）（遺体）に火がつくと、風向きによっては盃に脂（あぶら）が浮く。さすがにこれは呑めんわなあ」

秋田は、はにかんだ。数日前まで生きていた人を「お轆」と呼ぶのは、この村の人の情であろう。男くさい表情の秋田が言う「お轆」には、温もりがあった。

一時間あまりたって火葬が順調に進んでいるころ、食事をすませた二番手と交替する。一番手は喪家に戻って食事をするのだ。

森本家の火葬のとき、秋田は、「もうそろそろ教えてやらなあかん」と考えた。それで「ちょっとこい」と若者に声をかけた。それが谷口幸男の息子だ。彼はこの火葬で隠坊デビューした。

獺ケ口の火葬場。

いまどきこんな伝承方法があるのか。秋田が火葬の第一人者と言われるのは、知識や技術だけでなく、若者までをこの風習というか伝承に引き込む魅力を持っているからだ。また、若者の背中を押す何かがこの村にはある。

男たちが隠坊役を務めるのは、どうやら村の男が一人前になるために通る道ということのようだ。女は料理をつくる。仕事の分担が決まっていた。獺ケ口はおよそ半分が縁戚に当たる。普段は冠婚葬祭の付き合いしかなくとも、強い絆がある。「ちょっとこい」と声をかければ、そこに隠坊役をする若者がいるのだ。

隠坊役はときによっては四人のこともあるが、毎回六人もの隠坊役をそろえるのは大変ではないかと思える。ところが意外にも、この方法がやはりよいのではないかと思い当たった。彼らは専門の隠坊ではない。火葬の責任を六人が担うことで、慣れていなくても失敗はしない。つまり、一人一人の気持ちの負担は軽いのではないか。もっとも、彼らがそれを意識している様子はまったくないのだが。

一人の死者を荼毘(だび)に付すために、四人から六人の男が隠坊役を務めることで、村の絆は強まるのだろう。この集落の葬送の文化が継承される理由の一つは、複数いる隠坊役の存在にあるのではないか。そう考えて、私はこのめずらしい隠坊役が腑に落ちる。

現在の火葬場は四〇年ぐらい前に、秋田の父親が建てた。父親も大工だった。釜はその後、一度つくり直した。棺を入れる釜の深さは約五〇センチ。どんな棺にも対応できるように大き目につくってある。標準的な棺は長さ一八六センチ、幅五五センチ、高さ四五センチである。釜の横には半分ほどの高さのコンクリートの台が備えつけてあり、輿から降ろした棺を一度ここに乗せるのだ。それから三人ほどで棺を持ち上げ、頭部を手前の焚口のほうに向けて釜に入れるのである。そして喪主が火をつけて火葬が始まる。

この釜は実に巧くできている。釜の底には鉄の棒が隙間を開けて並んでいるのだが、焚口に近い部分、つまり頭部に近いところは横並び、それからあとは縦並びである。縦並びの部分は傾斜になっている。頭部が先に燃えると、この棒は滑り台の役目を果たす。つまり遺体は少しずつ焚口の方にさがってくるのである。そうでないと煙が上がらない。

秋田の説明を聞いているうち、コンビニの飲料水の棚を思い出した。棚は傾斜があるから、手前の一本を取ると、その後ろの物が前にさがってくる。釜の底はこの棚と同じ仕組みなのである。釜に棺を入れたあと、大きな鉄板で蓋をする。

釜は小和清水も大久保も獺ケ口も同じ人がつくったから、三つの火葬場の釜の仕組みは同じだ。秋田は、小和清水の釜の建設も手伝った。釜が完成したとき、「いっぺん、寝てみんか」と言われて釜に横になってみたと笑いながら言う。寝心地はどうでしたかと、こちらも笑いながら訊くと、「コンクリートやで、冷たいだけやった」と苦笑いしながら答えた。

「ここに火葬場があること、なあんとも思わん。雪が積もったら、雪降ろしにくるんや」

父もここで火葬した。自分もここで焼いてほしいが、それは残った者の気持ち次第。

「遺言を書いとかなあかんなあ」

彼はいつかくる日を思ってか、真剣な表情になった。秋田には、この集落で目下、最高齢の母がいる。

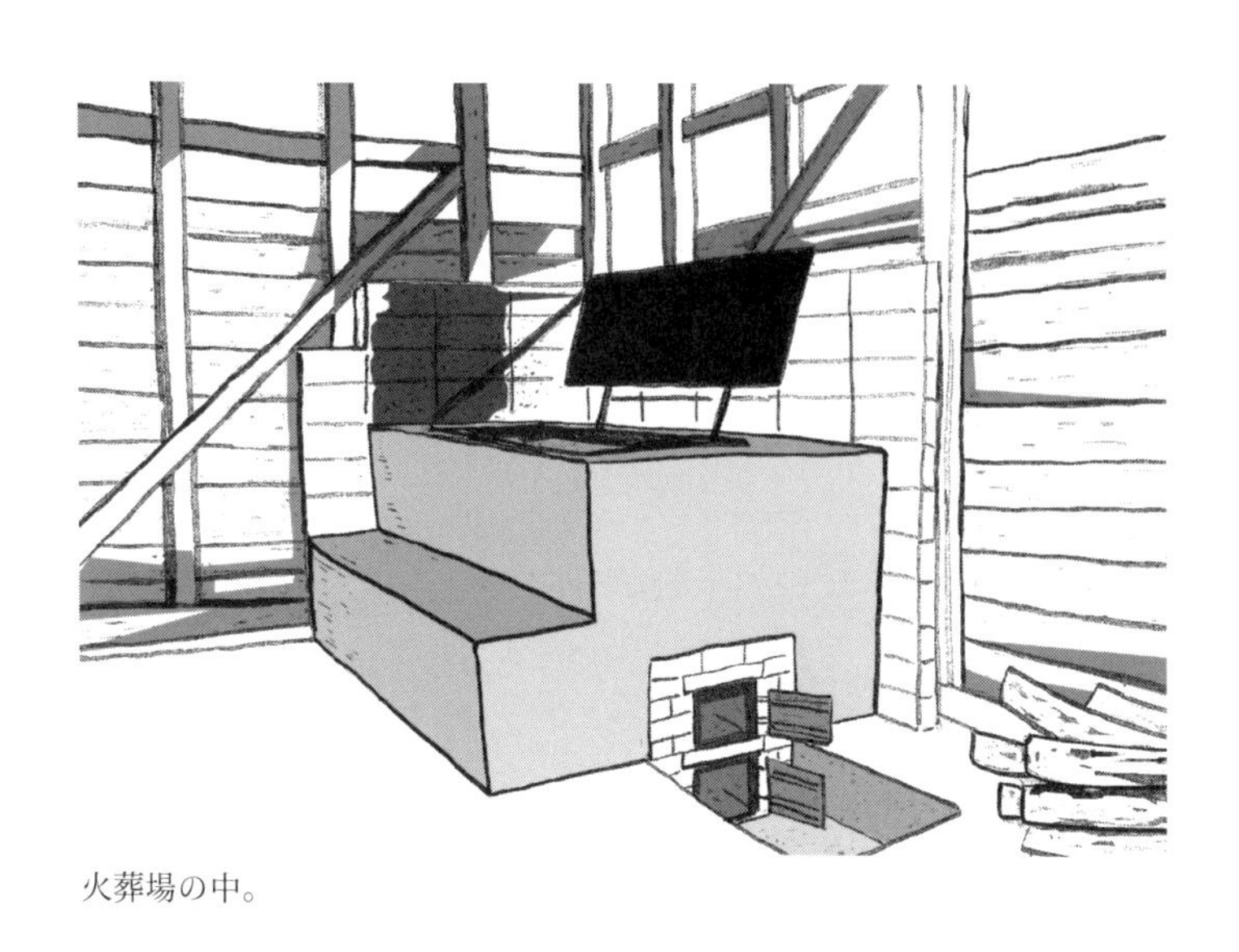

火葬場の中。

「お母さんが亡くなられたら、ここで火葬するのですね」

「うーん。わからん。まわりに迷惑かけとうないしなあ」

自分はここで焼いてほしいが、母のときはわからない。秋田の胸にも市営の火葬場がよぎるようだ。誰もが葬儀会館の便利さを知っている。便利なほうを選ぶかどうか、心が揺れるようだ。

集落の火葬場が使われなくなるのは、誰かが公営の火葬場を利用したことがきっかけになる。獺ケ口の人で、最初に公営の火葬場を使うのはいつで、それは誰なのだろう。

葬儀社では集落での火葬を「村焼き」、あるいは「焼き」と呼んでいる。福井市の老舗葬儀社の大久保重雄は、「うちではもう一〇年ぐらい前から村焼きはない。ほやけど、そのころ、上志比村（かみしひむら）で『あった』という話を聞いたことがある」と言う。上志比村も農村である。大久保も、かつては多数の「村焼き」を経験した。集落によって火葬場の構造が違うから、前日の下見が必要になってくる。掃除から始めるときもある。

「村焼き」をする気持ちを問うと、「遺族は自分の肉親を燃やせない。それを代わりにしてあげるという気持ち」と返ってきた。昔は納棺（湯灌（ゆかん））も村焼きも業者に任せることはなかった。だが、どちらも簡単なものではない。一般の人にはその技術がない。昨日まで生きていた肉親の遺体を怖（こわ）がる人さえいる。そんな中で、大久保は隠坊役を務める。

納棺のとき、大久保は、「きれいにしてあげるよ」と心に呟きながら仕事をする。拭いていないところがあると、思いが残る。それが嫌なのだ。病んで痩せこけた顔なら、元気なときの顔に復元するつもりで口の中に少し綿花を含ませる。頬がふっくらする。男性なら髭も剃る。上からだけだと伸びてくる場合があるから逆剃りもする。最後の別れの時にきれいな顔でいてほしいからだ。

数年前、大久保は亡くなった友人の納棺をした。きれいにしてやりたい。その一心で悲しみをこらえて集中した。思いを呑み込み、耐えながらできるということが、それを職業とする者なのだ。終わったあと、友人の母親が「きれいにしてもらったねえ」と息子に語りかけた。そのとき初めて涙が流れた。大久保は故人の友人に戻ったのだ。気持ちの切り替えができること、それがプロだと大久保は言った。「村焼き」の場合、野辺送りの葬列が火葬場に到着して、最後の別れがすむと、喪主が火をつけて帰る。それからが大久保の仕事だ。

炭が熾り、薪に火がつく。最初は黒い煙が出るが、徐々に青くなってくる。さらに煙が落ち着いてくると遺体が燃えてきたとわかる。音もする。匂いもする。最初から最後まで一人で火葬する。大久保にとっては故人は仏なのだ。顔も知らず、どんな人生を送ってきたのかもわからないが、死ねばすべて仏と思う。この情が丁寧な仕事をさせる。翌日、遺骨を遺族に渡し、後始末をして仕事が終わる。集落の隠坊役と業者とは情の質が違うようである。

葬儀社の大久保は、一般の人には村焼きの技術がないといったが、獺ケ口の秋田にはその技術がある。彼は若い衆への「ちょっとこい」でそれを伝えていく。この強い信頼と絆はどこから生まれてきたのだろう。

初夏の太陽が真上にくるころ、生協のトラックが獺ケ口橋を渡っていくのが見えた。獺ケ口橋の向こうには七つの集落があるが、獺ケ口にすら店は一軒もないのだから、さらにその奥にあるとは思えない。集落みんなが生協を利用するのかと合点がいく。

獺ケ口橋を過ぎた道路は、どちらも細く左右に分かれている。右のほうは芦見川左岸に沿って延び、獺ケ口の入り口に向かう。通りに民家が数軒建っているが、陽当たりはあまりよくない。左にカーブする一車線の道は岩壁の向こうに消えている。この道路は県道三一号篠尾勝山線である。左側が芦見川の渓流で右側が山なのだが、橋の手前から見ると山というより垂直に立つ岸壁である。陽が当たらないから辺りは暗い上に、その上に立つ木々の枝が道路を覆ってさらに影を濃くしている。

生協のトラックが見えなくなってしばらくすると、今度は小型バスを改造した農協の車がやってくるのが見えた。私は急いで橋から車を移動させた。農協の車は思ったとおり、橋の上に止まった。音楽が鳴る。後ろの扉が開いて、店開きが始まった。車の中は、真ん中を通路にし、左右には棚があって食品がぎっしり並んでいる。ガラス戸の入った棚があるから、乾物ばかりではなさそうだ。テレビで過疎地へいく移動スーパーを見たことがあったが、ここにもくるのがそれかとめずらしかった。一人、また一人と、近くの家から高齢の女性が出てくる。この日は火曜日だった。

火曜日のお昼ごろ、農協の車がくると決まっていて、音楽が聞こえてくるのを待っているのだ。腰の曲がった女性が、押し車を橋の欄干を支えるコンクリートの角に置いた。そこに置けば、押し車が走りだすことはない。定位置らしい。

女性たちは声をかけあいながら車の後部から入っていく。高齢者だけの家族や、買い物にいけない人にはありがたい店である。人が出てきて、生活ぶりが垣間見えると、空気が濃くなるような気がする。

やがて、買い物をすませたお年寄りが、一人、二人と帰っていく。小さな買い物袋を乗せた押し車も、ゆっくりと動いていく。

農協の車は店じまいすると、獺ケ口橋を渡ってさらに奥の芦見地区へ向かった。一方、たいした時間も過ぎないうちに生協のトラックが戻ってきた。生活に密着する二台の車を見たせいか、いつかは芦見地区にも足を運んでみようと思った。

土に還る

里山の間から頭を覗かせている剣ケ岳をはじめ、獺ケ口を囲む山々の緑は夏に向かって日ごとに深みを増していく。この木々を生かしているのは太陽と水と風だけではない。土もある。雨や雪融け水と養分を蓄え、豊かな土壌となって木々を生かし、人を生かしている。

「土に還る」という言葉を思い出す。土に還るとは、一般的には死を表現したものだが、獺ケ口の人が言う「土になる」とは、集落の土になりたいということだ。それは、集落の火葬場で荼毘に付され、山際の納骨の場所に埋めてもらうということである。納骨の地は死者が眠る場所であり、父や母、村の人が眠るところなのだ。

獺ケ口では火葬の翌日、遺族が拾骨にくる。火葬炉の骨を拾いながら、故人の生前の顔や姿を思い浮かべない人はいないだろう。ここで大切な人の死を確認する、つまり別れを事実として受け入れるのである。そして炉の掃除をする。あまった遺骨と灰を炉から取り出すのだ。火葬場のすぐそばに、それを埋める場所がある。

道の脇に五〇センチほどの高さに石を組んでつくった三坪ほどの土地だ。雑草が生えているが、土は柔らかそうだ。火葬までには、この場所のどこかに、隠坊役二番手の者が五〇センチほどの深さの穴を掘っておく。遺族は拾骨をすませたあと、あまった遺骨と灰をその穴に埋めて、土を被せる。野辺送りの葬列に先立ち、細い竹の先に火をともしていった辻ろうそくの細い竹を折り、その上に三角に立てて、てっぺんを括っておくのである。これが新しい遺骨と灰が入った場所の目印になる。次の火葬のときは、ここを避けて掘るのだが、細い竹の目印は猪に踏みつけられ、風雨で倒され、すぐにわからなくなってしまう。だから新たに掘ったつもりの場所から遺骨が現れることがある。それでも同じ村で生きた人のものだから気にすることはない。またそこに埋めるのである。このようなやり方で遺骨を処理する集落は少ないだろう。同じ場所に埋めるといっても、いずれも生前、見知った人ばかりだ

獺ケ口の火葬場左の地面。ここに穴を掘り、残った骨と灰を埋める。土に還る。

から、みんな一緒で淋しくないという心情が生まれるのかもしれない。地縁という絆の強さだろう。

　土の中で幾星霜を経た遺骨はやがて土と同化するだろう。この想像は神秘の大地へと思いを誘う。ここそ人間の還り着く安住の場所と思わせる。獺ケ口の納骨の場は、村の「土になる」ことの意味を実感させた。こういう納骨の場所がある地域はめずらしい。真宗を信仰している日本の各地でも、「野ざらしにする」、「放置する」、「火葬場の縁に放り上げておく」、「竹藪の中に捨ててしまう」というのがほとんどである。

もう数十年も前、多くの家の前にコンクリートでできた箱型のごみ箱があった。前面が板でできていて、その板を上に抜いてごみを出す。それと同じようなものを火葬場のそばに置いたところがあった。剝き出しのままの白骨が茶碗の欠片のようにたくさん入っていた。また別の土地では、山際の土をくりぬいた横穴の内側をコンクリートで固め、そこにあまった遺骨を入れていた。白骨で穴の底が白かった。残った遺骨の処理などはこういうものなのだろうと思っていた私には、野焼きのあとの遺骨と灰を埋める方法は、驚きと同時に不思議な感動をもたらした。

秋田正志は、「この村で焼いてもろて、ここに埋めてもらう。ほんとに土に還るっちゅう気がするなあ」と、目の前にひろがる田んぼを見ていた。田植えの終わった田んぼは水を溜め、初夏の陽を受けて光っている。この村で生まれ育った男は、農村の豊かな自然の恵みも村の風習も知り尽くしているのである。

初めて獺ケ口にきたときに出会った谷口幸男も、「この村で焼いてほしいなあ」

と言ったのを思い出した。

「自分も村の土になりたい」

宮本が小さく頷いていた。

男たちだけではない。結婚してから獺ケ口に住み、もう三〇年以上になる森本敦子に、この集落で火葬してほしいと思うかと、私は訊(たず)ねてみた。彼女は、「もちろん」と答えた。それが当たり前で、何の不思議も違和感もない。市の火葬炉は誰でもが入るから嫌なのだという。森本のこの答えが、私には意外だった。彼女はよその町で生まれ育っている。その町の公営火葬場も知っている。彼女はこの集落で生まれ育った人とは違うから、村の土になりたいとは思わないだろうと、私は思ったのだ。

彼女は獺ケ口の風習、文化にすっかり馴染んでいた。集落の人だけが入る火葬場がいい。夫も隠坊役の経験者であり、この村の土に還る。何の疑問もなく、自分も同じと考えているのだ。

ところが、私が獺ケ口に通うようになった平成二五（二〇一三）年の夏の終わりごろ、思いがけないことが起きた。都会へいっていた若者が事故で亡くなったのだ。遺体は獺ケ口に帰ってきた。遺族は市街地にある葬儀社の会館で葬儀を行い、市営の火葬場で火葬した。それから数カ月後、獺ケ口で亡くなった人がいた。やはり市営の火葬場へ送られた。さらに数年後、私は新聞の「おくやみ」欄で秋田正志の母が亡くなったことを知った。喪主の秋田も市街地の葬儀会館から、市営の火葬場へ母を送っていた。

老夫婦火葬場心中事件

哀しい、いたましい、胸が痛くなる、そんな事件が起きてしまった。平成一七（二〇〇五）年一一月七日、福井県大野市七板（ななた）で、老夫婦が火葬場で心中したのだ。村の火葬は土着の文化だと思うものの、その火葬場で心中事件が起きることなど誰が想像しただろう。

大野市は福井県の東部に位置し、県面積のおよそ五分の一という県内の市町の中で最大の広さを持っている。市街地から隣接する岐阜県に向かっていくと、日本で最初のロックフィールドダムである九頭龍ダムがあり、かつての城下の面影を残した市街地は、越前の小京都として知られたところだ。平成三〇（二〇一八）年の人口はおよそ三万二〇〇〇である。七板はＪＲ越美北線の大野駅から東に約五キロメートル離れたところに位置している。平成二二（二〇一〇）年には五五戸、一九八人が暮らしていた農村である。

その事件は、三〇年近く使われていない火葬場の焼却炉の中で、近くに住む八〇代の夫婦が病気などを苦に心中を図ったものだった。地元の新聞はもちろん、テレビのワイドショーでも取り上げられた。心中事件などめずらしくないのに、なぜこれほど関心を集めたのか。それは心中の場が、もう使われていない集落の火葬場だったからだ。

このニュースで、集落に、その集落の人だけが使用する火葬場があるということを初めて知った人もいたに違いない。古い火葬場、炉の中の白骨死体、事件を知った人には鳥肌が立つほどの衝撃と恐怖であったろう。

死体が発見されたのは一一月七日の午後二時半ごろで、火葬場の近くに置かれたエンジンをかけたままの車から、大音量のクラシックが聞こえてくると、近くの住民が警察に通報したのだった。駆けつけた大野署員が調べてみると、車内から給油伝票七、八枚に走り書きしたメモがあった。「六日午後四時半、車の中で妻を待たせる」、「午後八時、妻とともに家を出る」、「一時間ほど待ち、炭や荼毘(だび)の準備をする。妻は一言も言わず待っている」、「七日午前零時四十五分をもって点火します。さようなら――」などと書かれていた。

火葬場の炉はまだ温かく、中から二人の白骨死体がみつかった。火葬炉の扉は内側からロープで引っぱって閉めた形跡があったという。

乗用車の名義や遺骨の歯型などから、白骨死体は近くに住む八〇歳の男性と断定され、もう一人は八一歳の妻とわかった。二人は自宅を出た後、親戚の家や夫婦の思い出の場所を通って火葬場に向かったようであった。自宅で見つかった夫の日記には「妻とともに逝く」とあったというから、よほどの堅い決意をもって事に臨んだのだろう。

そしてまた、たとえ三〇年使われていなかったにしても、彼は焼却炉の構造も火葬の方法も熟知していたことになる。どれだけの燃料と時間が必要なのか、彼は計算できた。この地で生きた八〇年の歳月で、多くの人が荼毘に付されるのを見てきたに違いない。

地方の農村で起きたこの事件は、インターネットでも見ることができた。東京新聞は、特報「福井で老夫婦が火葬場心中」として事件の概要を記し、心中に至った老夫婦の事情を詳しく書いていた。妻は三年ほど前から糖尿病を患い、足が不自由であったこと、さらに認知症の症状が出て、夫が一人で介護していたこと、夫は心中の前に、財産の処分先を記した遺言状を大野市役所に郵送していたことなど。

そして二人に子どもはなく、周囲から孤立はしていないが、近所づきあいは多いほうではなかったと、村中の声を拾い上げている。そのどれもが、生前から老夫婦を案じていたものだった。

日刊スポーツは、「老夫婦火葬場心中、遺言書送っていた」という見出しで、大野市に届いた遺言状には住居、土地、農地などの不動産が箇条書きで並べられ、「遺産はすべて市に寄付します」と書き添えられていたと報じている。その遺言状が作成された日付は約一年前ということだった。

共同通信は「背景に『孤独な現実』福井の老夫婦火葬場心中」として、子どもがいない夫婦であって、老々介護の上、最近は夫のほうも体調を崩していたことを記している。

三つの見出しに共通しているのは「火葬場心中」である。火葬場での心中というショッキングな出来事の上、老々介護という現代的課題を抱えていたこともあって、この事件は全国に知られることになった。一年前に書いた遺言書、用意周到な心中の準備、白骨での発見に、潔さより人の想像を超えた空恐ろしいものを感じたに違いない。インターネットには事件を知った多くの人の書き込みがあった。「あまりにも衝撃的な出来事です」、「そんなにも生きるということは、つらかったのでしょうか」、「自然に大地に帰るように枯れていきたいと思わずにいられません」などがあった。世の中には介護をめぐる殺人や心中がめずらしいわけではないのに、火葬場での心中が多くの人の心をとらえている。この出来事を知った人の中に、自分の集落で火葬するという文化があったのかと思った人はどれだけいただろう。

私が七板を訪れたのは、事件から二〇日たったころだ。七板の入り口には集落の案内板があり、民家からぽつんと離れて火葬場が記入してあった。案内板の通りにいってみると、民家から二〇〇メートルほど離れて三昧場があった。

遠くに山を望み、田んぼがひろがる静かな農村だ。後方に杉林のある三昧場は広い。火葬場は、ブロックで囲んだものであった。コンクリートの屋根が乗せてある。入り口も獺ケ口（うそがぐち）のようにオープンではなかった。床のコンクリートから五〇センチほどの高さに左右に開く鉄の扉があり、その下に焚口（たきぐち）があった。扉と焚口のまわりを赤いレンガで縁取ったあたりが、様式に凝（こ）ったところと言えようか。

　火葬するときは、この扉を開けて棺をすべり込ませるのだろう。建物がそのまま焼却炉になる構造ではないかと思う。これまで同じような火葬場をいくつか見てきたが、扉を開けたことはないので想像するしかない。

　朽（く）ちかけた屋根と煙突、黒ずんだブロック、正面に這う蔦。三〇年以上も開くことのなかった焼却炉の鉄の扉は、焦げ茶色に錆びていた。左右の扉の取っ手に新しい鎖がかけてある。そこに新しい南京錠がさがっていた。ピンクの花が二輪、鎖に結んであり、火葬場の横には枯れた花束が集めてあった。花束には、まだ黄やピンクの花が少し残っている。

　七板の火葬場には、山襞（やまひだ）に沿う火葬場のような暗さはない、しかし一日中陽を浴びていても、雨や雪、風にさらされてきた古い火葬場は、どこかに不気味さをまとっている。ブロックも劣化が進んでいた。

一一月の深夜、気温は低く、村人は窓を閉め切って眠っている。二〇〇メートルほども離れていれば、大音量の音楽が聞こえることはないだろう。心中の場所が、なぜ火葬場なのか。排気ガス心中でも、服毒心中でもなく、焼却炉で妻と自分自身を荼毘に付す方法を選んだのは、なぜなのだろう。

陽が降り注ぐ晩秋の三昧場。だが、風は冷たい。遠くの山は雪を被(かぶ)っていた。農作業の時期も終わって、人の姿も見えない。そんな風景の中にある焼却炉の扉のピンクの花、新しい鎖と南京錠。どれもが古い火葬場にはそぐわない。

大きな音で音楽を流しておけば、夜が明けてから誰かが気づくだろう。車中に残されたメモは、焼却炉に白骨死体があることを教えている。そうしなければ、二人は行方不明として捜索願が出されることになる。そして白骨死体は、この火葬場を取り壊すときまで発見されることはない。

早い時期に、二人とも白骨で発見されること、それが夫の望みだったのだ。遺体を人の目に晒したくなかったのではないか。介護という行政の介入も、地域の手助けも拒んだ夫は、二人の遺体さえこの世から消してしまいたかったのだろう。白骨になることで、世間の憐れみも同情も拒否したという気がする。晩秋の三昧場を眺めていると、強固な意志と哀しい孤高とが見える気がした。真夜中の音楽、ぼうぼうと漂う煙、開いた焚口から見える真っ赤な炎……。集落の奥なので一般道路はなく、車が通ることもない。誰も見つけることはできなかった。彼はそれも承知していた。

心中事件は地域や行政にも大きな衝撃を与え、「介護の課題」を浮き彫りにした。同じ悲劇を招かないために高齢者を見守る態勢の整備を急務とした。老々介護の果ての悲劇は防がなければならない。しかし、いまここではこの問題は別としよう。

福井県北部の郊外には、いまでも集落ごとの古い火葬場が数多く残っている。ほとんどが何十年も使われないままである。しかし市街地に住む人の多くは、郊外の火葬場の存在すら知らない。火葬場は単なる建物であり、あれはいったい何かと思うこともないのだろう。墓があれば、墓地と思うだけだ。たしかに、墓だけのところは多い。だから、ある日、人知れず、ふいに火葬場が消えていても気がつかないのだ。

老夫婦の火葬場での心中があってから、いくつかの火葬場が消えた。朽ちかけた木造のものだけではない。コンクリートづくりのものも取り壊されていたところがある。その集落の人も、そこに火葬場があり、集落の葬送の文化があったことを、いつかは忘れていくのだろう。

第二章　美しい村

小さい空

私が初めて芦見(あしみ)地区へいったのは五月の中ごろだった。何度も芦見地区へいこうと思いながらも、躊躇するものがあった。獺ケ口橋(うそがぐちばし)を渡った辺りの薄暗さと、一車線の道路である。芦見川の渓流は、いままさに足羽川(あすわがわ)に合流する勢いで流れている。その川音が静寂を破って轟(とどろ)く。

道はすぐに右に曲がっていて先がうかがえない。芦見地区のほうから車がくるのが見えると、こちらから向かおうとする車は橋の上で待機する。ここが芦見地区への入り口とすれば、これほど暗くて狭い道が続くのかと、私は恐れたのである。この先に七つの集落があるとは、とても思えないのだった。

しかし初夏の陽射しが辺りを明るくするころになって、気持ちが変わってきた。獺ケ口橋に架かった、「リズムの森まで六キロ」という看板に励まされる。この先に、子ども向けの施設があるのだから、険しい道路ではないと自分に言い聞かせた。一番奥の集落まで七キロメートルである。たいした距離ではない。

芦見地区へ行く前に、住宅地図をひろげてみた。まず気づいたのは地名の特徴だ。獺ケ口に近いところから下吉山、上吉山、篭谷、大谷、西中、所谷、皿谷とある。地名は地形やその地の歴史などを表していることが多いことを思えば、いかに深い山中の、谷間の村かがわかってくる。藩政時代は芦見谷と称されたところである。そしてまた、各集落の戸数は少ないのに、それぞれに神社、道場、火葬場がある。

集落によっては、ふれあい会館、公民館という名称になっているが、これも道場なのだろう。

下吉山　四戸　八幡神社　道場　旧火葬場
上吉山　一三戸　白山神社　道場　旧火葬場
篭谷　七戸　白山神社　公民館　旧火葬場
大谷　一二戸　白山神社　寺院　ふれあい会館　旧火葬場
西中　一五戸　芦見神社　ふれあい会館　旧火葬場
所谷　八戸　白山神社　ふれあい会館　旧火葬場
皿谷　八戸　白山神社　卍道場　旧火葬場

人口一〇万人あたりの神社数、寺院数において、福井県はどちらも全国第二位である。それを踏まえれば、神社・寺院が多いのも不思議ではない。下吉山にしても過疎化が進んだことで四戸の集落になったのではない。藩政時代から一戸減少しただけなのである。それでも神社、道場があり、火葬場があるということは、そこにこの土地特有の何かがひそむということではないか。獺ケ口に近いとはいえ、自然

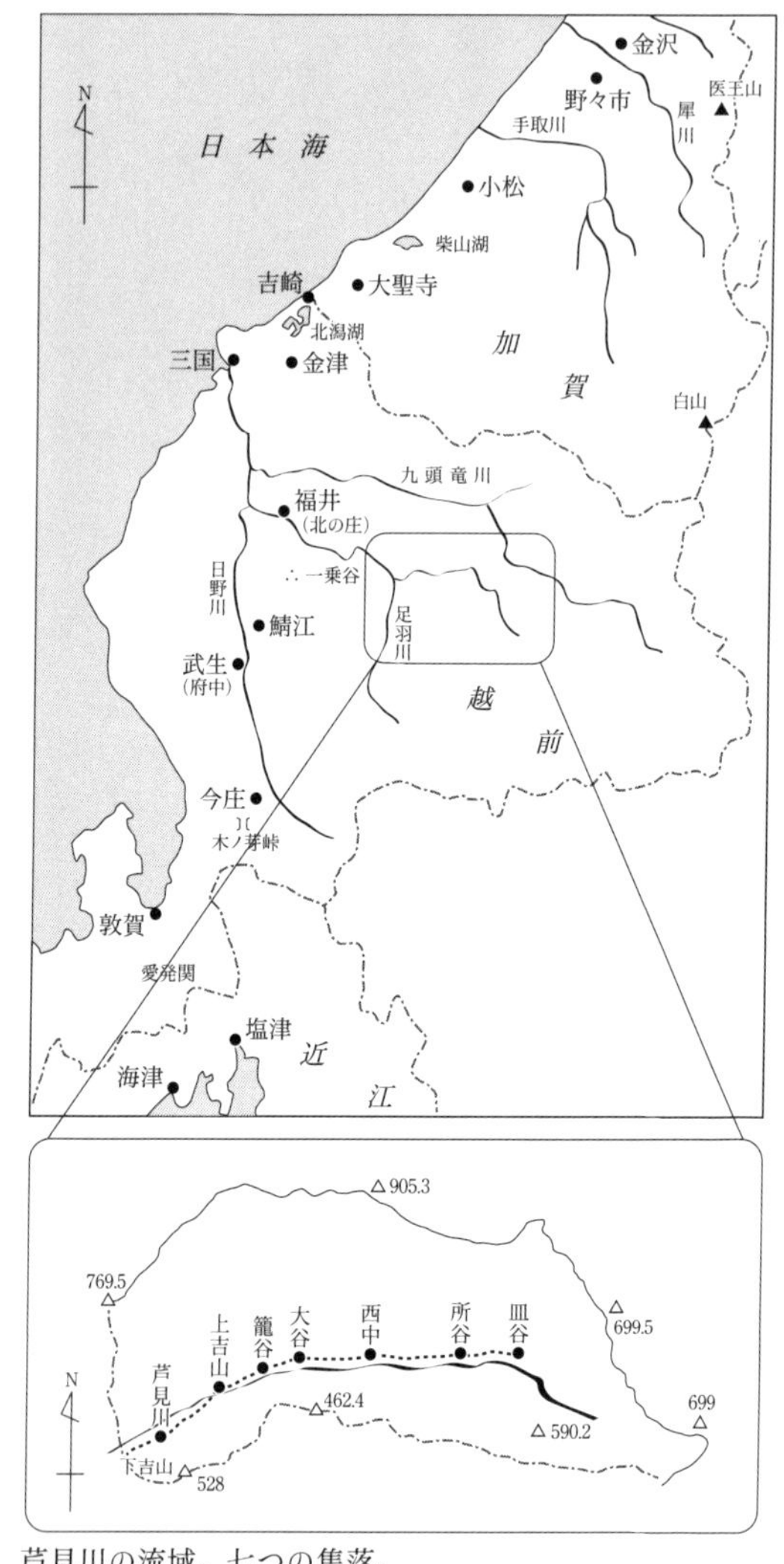

芦見川の流域。七つの集落。

環境がまったく異なるところには、また別の土着の文化があるような気がしてならないのである。それが、私を薄暗い道の奥へと誘うのだ。

東西に流れる芦見川に沿う七つの集落の人口は、合計で一四七名（令和元年五月現在）である。戸数や人口にかかわらず、これらの集落には例外なく、神社と道場、火葬場がある。人が生き、死んでいくのに何が必要なのかと考えさせられる。しかも現在でこそ、獺ケ口橋を渡ってらくらくと奥まで行き来できるが、大動脈とはいいながら芦見谷をつらぬいていた芦見道は、かつて牛馬の通行さえ困難というほど狭い道であった。その上、下吉山と獺ケ口との間には、西谷流紋岩（にしたにりゅうもんがん）という強固な岩石の層が立ちはだかっていて、溪谷沿いに人が一人通れるだけの道があるのみだった。そこから獺ケ口の方へ橋を架けていたのだろう。冬になると、道は雪に埋もれてしまう。たとえ融け始めても、北側で陽が当たらないから雪融け水や雨は凍りつく。冬季は通行不可能だったろう。

ようやく道路改修を決めたのが明治二六（一八九三）年で、補助金を受けて着々と改修を進めたにもかかわらず、あと九〇〇メートルというところで頓挫した。補助制度が廃止されたのである。しかも残りの部分は獺ケ口の地籍に属していた。獺ケ口にすれば、福井市や美山町の中心部へつながる道路は必要でも、奥にある芦見地区への道路は重要ではなかったのだろう。ようやく土地の買収を進めて改修を続行し、全通したのは明治四二（一九〇九）年のことだった。およそ一一〇年前である。獺ケ口橋を渡ったところは西谷流紋岩の地層だったから、一車線が精一杯だったようである。さらに、この地区内の道の幅員が四メートルになり、自動車の通行が可能になるのは昭和二九（一九五四）年を待たねばならなかったから、いまから六五年前のことになる。交通のすこぶる不便な生活はずいぶん長く続いたのだ。

芦見地区は七つ目の集落である皿谷で行き止まりとなる。大野市へ抜けるとすれば、いまはトンネルがあるが、かつては標高五六二メートルの九十九廻坂を越えなければならなかった。その名前からして、いかに屈折した峠道かがわかろうというものだ。

私はその芦見地区の地形から、両端を縛った細長い袋を想像した。極端に言えば、どちらにも出口がないという姿だ。しかも谷間の川に沿っていて、平地の面積も少ないから、一箇所に集落を構えることができない。芦見地区の九九パーセントが山地なのである。

しかしこの地での集落の発生は早い。西中には縄文遺跡が発掘されている。陽当たりのよい小さな平地を七つ選んで、古代から人々が生きてきたのである。

獺ケ口橋を渡るのは、芦見道と呼ばれる県道三一号線、篠尾勝山線（しのおかつやません）で、福井市と勝山市とを結ぶ道路である。橋を渡って薄暗いところを抜けると、すぐに視界が開けた。道幅も広くなった。片側一車線だが、すれ違いも容易である。緊張していた私は、いささか拍子抜けする。だがすぐに、杉が中腹まで直立する山に囲まれる。杉の木立が谷間に降りてくる風を斜めに刻んでいるようだ。道端の揺れる草のすぐそばに、揺れていない草があり、それが筋をなして続いている。

車の窓を開けて渓流の音を聴きながら、緩やかなカーブの続く道をゆっくり走る。田植えを終えた田んぼが小さく区切られて続いている。平野の風は遠くからうねってきて、押し寄せる波のように苗を揺らすのに、杉の木立を通った風は苗をさまざま勝手な方向に揺らしていた。

道路はおおむね芦見川に沿うが、直線が続くことはない。獺ケ口橋から二キロほどいくと四、五軒の民家があった。ここが下吉山という集落だと思ったときにはもう過ぎていた。五軒ほどの家を建てるのが精一杯の平地しかないようである。

外れの林道の脇に火葬場が見える。少し進むとまた小さな集落である。ここも林道の脇に火葬場がある。民家と民家の間から、斜面の途中に小さな神社が見える。ふれあい会館もある。

二つめの集落を過ぎたところで橋を渡り、芦見川を右側に見ることになった。北東には経ケ岳（きょうがだけ）（標高七六五メートル）、南は飯降山（いふりやま）（八八四メートル）の支脈が迫っている。さらに北西には剣ケ岳（八〇〇メートル）と大佛寺山（八〇七メートル）が山容をひろげている。芦見地区は四方八方を山に囲まれているのだ。しかも傾斜はかなり急で、なだらかな山とは言い難い。場所によっては朝焼けも夕焼けも見られないだろうと思えるほど、山が迫っている。山ふところに抱かれるというより、谷底に閉じ込められているような地形であり、自然環境である。どこを走っても空は小さい。芦見谷と称されたことも頷ける。

わずかな平地に集落が点在する姿には、人間の逞しさがうかがえ、感動させられる。下吉山以外の地で、川の右岸、つまり北側に集落があるのは、深い谷間にあって南側からの日照をとらえるためである。さらに昔、極めて狭い範囲で生活してきた人たちは、さぞ多くの智恵を具えていたことだろう。

重なり合う大きな山と、小さな山の連なりとがつくる風景は美しい。芦見地区を囲む山々の半分を覆うのは杉林なのだが、その杉の深い緑と渓流の青い流れとが呼応して空気を染める。水を張った田んぼに空が映って、小さい空がふくらむ。

獺ケ口の杉木立。

山の上部には芽吹いた雑木が薄緑に煙っていた。目の前を塞ぐ新緑の山々が、六曲屛風を開くようにひろがってくる。いや、蛇行する道路が、曲がっても曲がっても、次々と美しい屛風を開くのだ。まだ青い匂いを放つ木々の息吹をまきちらしながら。しかもその色は薄塗りではない。杉も新緑も、鮮やかでありながら、深い色合いなのである。空気が澄んでいるのだろう。

　初めて見る風景なのに、私は屛風の色を塗りかえる経験をした。秋には杉木立の背景の樹木が紅葉する。冬は水墨画のようなモノクロの画面から、杉木立が雪を振り払う音がする。

　こんな風景を見ながら暮らすのは、さぞよいだろう。だがそれは余所からきた者にとっての感慨である。ここは県下有数の豪雪地帯だ。平野部に住んでいても大雪は恐ろしいが、この地形での冬の厳しさには想像を絶するものがある。

　上吉山から篭谷、大谷を過ぎ、五つ目の集落である西中には少し広い平地があって、三階建ての建物があった。もとは芦見小学校・幼稚園の校舎だったのが、生涯学習の施設や簡易郵便局になったようだ。現在は簡易郵便局だけが一階の右の端に明かりをともしている。

ここには市営の野外施設、リズムの森があり、大きな駐車場があるので車を止めてひと休みする。リズムの森はバーベキューもできるキャンプ場である。しかし人のいる気配はない。

西中はこれまでの集落に比べて空が数倍大きい。真っ青な空から陽射しがおりていた。太陽が大盤振舞いしている。芦見地区へついにきたという満足感があった。獺ケ口橋から少しだけ見えた暗い雰囲気に怖気(おじけ)づいたことが、なんだかおかしくなってきた。そのくせ、少し心細い。人の姿が見えないのだ。繋がれた犬もいない。猫の子一匹いない。私は生きているものを探した。普段はいるだろう鳥も姿を見せない。静かすぎる。のどかというより、過疎化した村に漂う寂しさが次第に濃くなってくる。

西中からさらに奥へいく道は、山裾を回っているので先が見えない。辺りは放棄された農地と杉木立が続く山。まだあと二つの集落があるのに、これより先にいく気が失せた。ゆっくり走ってきたから、獺ケ口からおよそ一五分かかっていた。信号もなく、すれ違う車もなかった。店も一軒もなかった。

先にある二つの集落のことも想像はできる。七キロメートルほどの距離の間に七つの集落が、せいぜい六〇〇メートルから七〇〇メートルの間隔で並んでいる。だが、道はカーブの連続なので、隣の集落は見えない。どこの集落も、谷間にあるたった一つの集落のようだ。

シートを少し倒して、山と空を眺めていると、次第にガラス瓶の中にいるような閉塞感に襲われる。どこを見ても山という壁だ。私の視線はその壁に当たって折れる。ここでは自然が主役なのだ。植林の進んだ杉の木立は美しいけれど、この地の自然は、ふところに凶暴なものを隠し持っているような気がしてくる。

よい天気なのに、誰とも会わない谷間の村にいる不気味さ。ここは時間が止まっているのか。私は冷気を感じたくなった。窓を開けようとしたら、フロントガラスに体長が二センチはありそうな蜂が羽を震わせて止まろうとしていた。これでは窓も開けられないし、外へも出られない。もし蜂が車の中に入ってしまったら、格闘しなければならなくなる。シートの下にでももぐりこまれたら……。その挙げ句に、私は巨大な闇をライトで切り裂いて、この谷間の集落を脱出しなければならない。蜂も闇も恐ろしい。

獺ケ口のほうからオートバイに乗って一人の男性がやってきた。芦見地区に入って初めて見る人間だ。彼は駐車場の自動販売機のそばにオートバイを止めた。皮のジャンパーに深い靴。ヘルメットで顔は見えないが、体型や動きで若いとわかる。彼は投入口にお金を入れている。ずっと人と会わなかったところで、ふいに余所者とわかる男性が現れるのも気味が悪い。

ちょうど引き返そうと思ったところだったので、私はゆっくりと車を出した。篭谷まで戻ってきたとき、高齢の女性が四人、ふれあい会館の前に集まっているのが目に入った。四人とも笑いながら盛んに喋っている。さっぱり聞こえないが、こちらも思わずつられそうな笑い方である。蜂だけでなく、人も生きている。当たり前のことが嬉しくなる。彼女たちの楽しそうな様子に、体の中を温かいものが流れていった。

獺ケ口橋まで戻って、見慣れた家が続くのを見てホッとする。オートバイの男性は、皿谷から九十九廻坂トンネルを抜けて大野へ出たようだ。

これが、私が芦見地区に入った最初の経験だった。

雪崩と歴史と

一度、西中まで制覇（せいは）すると、芦見地区には簡単にいけるようになった。秋が深まるにつれ、天気のよい日を選んで、私は毎週のように芦見地区に通った。二日続けて訪ねたこともある。獺ケ口橋を越えてすぐのところでは少し気を張るけれど、あとは何とも思わなくなっているのが自分でもおかしい。

下吉山のコンクリートの小さな火葬場へ、橋の上に車を止めていってみる。この林道は昭和六二（一九八七）年に整備された小規模林道の梅ケ岩線（うめがいわせん）で幅員四メートルと、入り口に記してあった。火葬場は橋から一〇〇メートルほど入ったところに、林道に沿ってある。林道は舗装してあるのに、火葬場の前は土のままだから、雑草が胸の高さまで伸びていた。蛇でも出そうな気配である。掻き分けて火葬場に飛び込む。

遠くから見たときはコンクリートづくりに見えたが、ブロックを積んだ火葬場だった。外側の寸法は、奥行きが四メートル二六センチ。間口は三メートル五〇センチ。高さが二メートル五〇センチ。普通乗用車の車庫のようなものである。これが集落の火葬場の平均的な大きさだ。

屋根はコンクリートで平らに塞いであり、入り口からそのまま一メートル九〇センチ延ばして庇をつくってある。庇の真下の部分も同じ広さのコンクリートの床がある。そこから左右二本の太い柱が庇を支えているのだ。庇は遺族が死者と最後の別れを交わすときに、雨や雪を防ぐものである。床は輿から棺をおろす場所として必要なものなのだ。

釜はコンクリート製で左側の壁に寄せてつくってあった。釜の底は焚口のほうを低くした傾斜がつけてある。遺体が焼けたら下がってくるようにしてあるのだ。焚口と通風口が上下に並んでいて、これは獺ケ口と同じ構造であった。中は新しいままで、煤のあとがない。ここには火が入ったことはないのだろうか。火葬場には箒など、何かしらの道具が置いてあるものだが、それもない。

火葬場には入り口がオープンで、中まで見えるところもあるが、ここは入り口の左側の部分、一メートル三五センチをブロックで塞いでいた。釜の部分が外から見えないようになっている。中はほの暗い。後方についている煙突には、雨を防ぐための丸い皿のような蓋がついているのだが、それを支える数本の金具は赤く錆びていた。

下吉山は天正三(一五七五)年ごろには、山中村と称されていた。文政六(一八二三)年には「五軒高持二十七人」とある。高持とは本百姓ともいい、藩政時代は検地帳に登録された農民で、貢祖負担者である。戸数も人口も当時から少なかったことになる。しかしこの集落にも小さいながら八幡神社があり、道場がある。昭和五〇(一九七五)年でも戸数五、人口三四で、戸数はそのままだが、人口が増えている。これは芦見地区ではめずらしい。しかし昭和五九(一九八四)年になると、家は五軒あってもそのうちの一軒は無住となっている。平成二三(二〇一一)年の人口は下吉山と上吉山とを合わせて四二人。そして平成三一(二〇一九)年四月には合わせて二九人。過疎化の進みは早い。

ここで誰かが亡くなっても、高齢化が進めば葬儀の手伝いは困難になると思える。

そんなことから火葬場は使わずじまいになったのだろう。しかしここにも古代から人が住んでいた。記録が残る天正三年にも、わずかな人数で集落を守っていたのである。

下吉山の農耕地は田んぼが少なく、畑がほとんどを占めている。日光を求めて耕作するとすれば、少ない耕地でも活用できるのは畑になるのだろう。

ここは「蓮如のかくれ岩」伝説が残っているところでもある。蓮如が真宗布教に来錫したとき、ここは天台宗の力が強く、蓮如に迫害を加えた。蓮如は住民に案内されて、下吉山の梅の山岩に隠れて難を逃れたのだ。この岩穴は、五〇人は雨宿りができたというほど大きなものであったが、明治の濃尾地震で岩穴が崩れたといわれている。伝説では、村の老婆がわらじを逆さに履いて毎朝食事を届けたので、蓮如は発見されずにすんだという。退去するときに蓮如が与えたという六字名号（南無阿弥陀仏）が下吉山の道場に残っており、老婆の家にも一幅の六字名号が残っている。

蓮如が吉崎を布教の拠点としたことは知っていたが、その蓮如がこの芦見谷にきたという。これには驚いた。吉崎は越前（福井県）の北の端、加賀（石川県）との国境に近い。そこから北陸道を南下し、さらに東に向かって芦見谷までは相当な距離である。一五里ほどはあろうか。歩き続けても二日はかかる。平野部ならまだしも、美山では山を越え、谷間の集落である芦見谷にきたとは……。もちろん吉崎から供を連れてあちこち立ち寄りながらの布教の旅だろうが。伝説とはいうものの、蓮如の布教と関わりがあったことは事実なのだろう。

いまでは道路も整備され、自家用車を所有し、勤めにもいけるけれど、それでも人々は集落を離れていく。谷間のわずかな耕地を命の綱として逞しく生きてきた人たちは、何を心の支えにしてきたのか。使ったあとのない火葬場の入り口に立ち、私は周りの高い山を眺めていた。

風で草が揺れる。立ちすくむ。足元に動くものがいないか目を凝らす。叢を通らなければ戻れない。二、三歩で飛び越えたとき、林道に落ちた木の影が蛇に見えた。声こそ出さないが、内心ではワアーと叫びながら、私は一目散に車のほうへ駆けた。

下吉山の集落を過ぎれば、すぐに上吉山である。石を積んでつくった段々畑に雑草の茂るところが目立つ。上吉山は一三戸の集落だが、実際にここで生活しているのは一〇戸である。ここに家をおいたまま市街地で暮らす七五歳の安野久朋は、勤めていたときは休日を利用して、およそ二〇キロ離れた家から通っていた。退職した現在は、天気のよい日を選んでここへやってくる。

親が健在だったころは、せっせと食料品を運んできた。何しろ店は一軒もない。買い物にいくにも車がない。野菜はつくっていても、魚や肉などの生鮮食品がない。たとえ農協の移動スーパーがきても、求めているものがあるとはかぎらない。年をとった親の様子も気がかりである。芦見地区を出て暮らす子どもは、休日になるとみんなが同じように通ってくるのである。

安野の両親はもういないが、畑もあり、山の木の手入れがあるのだ。電気水道はもちろん、電気製品など生活に必要なものは揃っている。というより、一〇年前まで父親が生活していたときのままなのである。畑や山仕事で汚れた衣服はここで洗濯して干して帰る。その日に乾かなくても、いつかは乾く。乾いたときに取り込めばいい。昼食は妻がつくってくれる弁当を持ってくる。みかんや蒸かしたさつまいもも、おやつに持参している。七年前にこの集落の区長になったときは、もっと頻繁に通った。住んでいなくても、家があれば役職はまわってくるのである。

安野は六人兄弟の長男である。正月は雪があり、寒さも厳しいので無理だが、八月の盆にはこの家に兄弟が集まる。ここが実家なのである。

安野の家は、雪の重みで屋根が壊れないように、二階の窓の上部に幅の広い桟を打ち、そこから斜めに棒を延ばして屋根の庇を支えている。家の老朽化も進んでいく。安野は自分が元気なうちにこの家を片づけたいと考えている。息子に迷惑はかけたくないのだ。他の集落でも家を取り壊したと耳に入ってくる。廃屋にして朽ちていくのを待つ気はない。現在は一〇軒が生活しているが、一軒、また一軒と、ここに暮らす人は少なくなっていくだろう。限界集落がいつかは無住集落となる。

上吉山の火葬場は、集落の脇を通る林道を少し入ったところにあった。ここも集落からは見えない。コンクリートづくりだが、かたちも構造もほかの集落とほぼ同じである。火葬場まで一緒にきてくれた安野は、ここはいつつくり変えたのか覚えていないと言った。

「拾骨して、あまった骨はどうするの?」

「ここの裏に放っとく」

そうなのか。これも集落の風習なのである。いくつかの火葬場の裏に、陶器の欠片のような骨がそのままになっていたのを思い出した。使わなくなって三〇年以上も経っているのに、白い百合の花が活けてあったところもあった。獺ケ口では山際の納骨の場所に埋めていたけれど、多くの場合、残りの遺骨に執着がないのだろう。

安野の記憶には、昭和三八（一九六三）年にはここが古い火葬場として使われていたことが、はっきりと残っている。その年に、安野の弟の火葬を行っていた。それは事故があったからだ。この地の自然の恐ろしさに、人間は呆然とするしかないことを思い知らされる出来事だった。その年は、一〇〇年に一度とも言われるほどの大雪であった。一月に入ってから雪は間断なく降り積もった。芦見地区も積雪は三メートル五五センチになった。

一月二六日、午後二時三五分ごろ、篭谷と上吉山の間で高さ約三〇〇メートルの地点から、幅約五〇メートルの雪崩が起きたのである。芦見小学校から下校途中の八名の児童と、引率していた教頭先生が、この雪崩に襲われた。住民一〇〇人の救助で、夜までに五人の児童の生存が確認された。それから福井署の救助隊、県警特別機動隊、滋賀県今津の陸上自衛隊も救助に駆けつけたが、教頭先生と三人の児童が遺体で発見されたのは、雪崩から二〇時間後であった。「助かった五人が発見されたのは一メートルの深さで、亡くなった四人は、山の道路を挟んだ向かいの川の底近くまで流されて」いたという。四、五〇〇メートル級の山の谷間ではあちこちで雪崩があり、こんな事故も起きるのだ。

すでに芦見地区を出て福井市内に下宿して働いていた安野は、この雪崩の事故をラジオのニュースで知った。彼は急いで帰ってきた。

安野の弟を含む児童三人は、上吉山の火葬場で荼毘（だび）に付された。まだ子どもだったから、三人を横に並べて火葬したという。炎はどんなにか悲しい色で燃えただろう。そのときの火葬場は、いまのものではなかった。

昭和三八年を略して三八豪雪と言われたこの年の大雪は、福井県下全域に及んでいた。学校は休みになり、国道もマヒし、スーパーでは食料品の棚も空っぽの状態だった。屋根から降ろした雪が積み上げられ、二階の窓から出入りする有様だった。

現在ほど車両の数は多くはなく、自家用車を持っている人はまだ少なかった。たいていの人は公共の交通機関を利用したものだ。しかしこのときは、豪雪で電車もバスも動いてはいない。道路の除雪も進んでいない。安野は職場の人におにぎりをつくってもらい、一七、八キロの道を四時間ほど歩いて現場についている。

現在の火葬場を使ったのは平成一七（二〇〇五）年が最後だった。この年の四月二四日に安野の母が八五歳で亡くなった。美山町と福井市はまだ合併していなかったが、安野はこの母の葬儀を福井市の自分の家に近い葬儀会場で行い、福井市営の火葬場へいった。これが上吉山の火葬場を使わなくなったはじまりだった。市営の火葬場を利用したいというより、村で葬儀をしないことを選んだのである。家族の反対はなかった。村で葬儀をすれば、村の人たちに負担をかけることになる。上吉山では葬儀は自宅で行うのだが、まず亡くなって一日目は喪家（そうか）への顔出しがあり、台所などの手伝いが始まる。二日目は通夜で、お参りがある。三日目が葬儀である。葬儀の準備は葬儀社がするが、それは葬儀に関することだけである。村の人の手を借りることは山ほどあるのだ。火葬場の掃除はもちろん、火葬の準備、隠坊（おんぼう）、彼らに供する食事づくりなどがある。野辺送りは親戚と村の人で葬列をつくる。こうして三日間も世話になるのである。葬儀会館を選ぶ背景には、過疎化と高齢化があったのだろう。地縁の繋がりが強くてもかなわないものがある。

その当時は一三戸がここで生活していたが、高齢者だけの家もある。安野には彼らに負担をかけたくないという思いがあった。その上、父も高齢である。長男である安野は自宅に近い葬儀会場で行うと決心したのである。

葬儀社の葬儀会場では、喪家の者はいくだけでよい。茶の準備から通夜の食事はもちろん、親族が泊まる部屋も寝具もある。通夜と葬儀にきてくれる村人のために、上吉山まで送迎バスを出してくれる。すべてに費用はかかるが何から何まで、至れり尽くせりである。

集落の人たちも市街地に親族や知り合いがいるから、現代の葬儀がどのようなものかは知っている。かつては寺や自宅で行っていた葬儀は、葬儀社の葬儀会場を利用するようになっている。あちこちに式場を持っている葬儀社もあって、近いところを借りればよい。すでに自宅や寺、集会場でする時代ではなかった。

見棄てられた火葬場。

母のこの葬儀のとき、いまだ野辺送りがある一方で、都市部では霊柩車もすでに洋型が普及していた。かつて「走る仏壇」と呼ばれた宮型霊柩車ではない。福井県の霊柩車は日本の伝統的な建築様式を取り入れた神社仏閣を連想させ、しかもきらびやかな装飾をほどこしていて、派手なものほど好まれていたのである。その宮型霊柩車が姿を消し、リンカーンなどの外車を仕立てた洋風の霊柩車に変わっていた。見ただけでは霊柩車とはわからない。安野の母はこの霊柩車に乗って葬祭場へいったのである。

村人の反応はどうだったのか。安野の耳には何も聞こえてこなかった。しかしいまになって思えば、何らかの噂はあったかもしれないと思う。母の葬儀があった後、同じ年に集落から死者が出て、村で火葬した。これが上吉山の火葬場を使った最後である。

それから五年後の平成二二（二〇一〇）年八月、安野の父が八九歳で亡くなった。安野はやはり母のときと同じ葬儀会場を利用し、市営の火葬場で火葬した。以後、村で亡くなる人があっても上吉山での葬儀はなく、火葬場も使用していない。このように、集落の火葬場は葬送の儀式の場ではなくなろうとしている。

野辺送りに必要な輿（こし）は村の所有物だったが、処分してしまって、いまはない。だが、火葬場を壊そうという話はない。また誰かが村での火葬を望むかもしれないからだ。そうなれば、輿は葬儀社がなんとかしてくれるが、火葬場を取り壊すとなれば、村の協議が必要になる。火葬場は、神社、道場と同じで、村の財産なのである。

獺ケ口の人たちが市営の葬祭場を使うようになったあと、私は獺ケ口の森本敦子に会うことがあった。

「もう獺ケロの火葬場は使わないのでしょうね」
私の問いかけに、彼女は答えた。
「でも、ここで火葬してほしいという人が出てきたら、火葬場を使うでしょう。隠坊役がいなかったら、葬儀社に頼めばいいんだから」

集落の中ほどにある上吉山の道場は「顕如堂」とも呼ばれていた。顕如とは、浄土真宗本願寺八世法王蓮如から九世実如、十世証如に続く十一世である。ここにも蓮如の六字名号（南無阿弥陀仏）がある。さらに元亀年間の石山合戦のときに、顕如を援助したことによって与えられた顕如真筆の十字名号（帰命尽十方無碍光如来――十方世界を照らして衆生を救う阿弥陀如来をよりどころにすること）も保管されている。

一揆に使用した旗も保存されている。旗は横三〇センチに縦一メートル三〇センチほどの紙のもので、十字名号に血のあとがあり、血染めの名号という言い伝えがある。この閉鎖された厳しい地形の芦見谷にまで、戦いはおよんだのだ。

またここを守っている宮越家の先祖は、顕如の影武者として常随(じょうずい)していたとの伝承もあるほど、芦見谷と顕如との関わりは深い。こうして芦見地区の歴史がおぼろげに見えてくる。

獺ケ口の正玄寺のことを思い出した。ここにも蓮如の六字名号と曼荼羅絵図が保管されている。しかも獺ケ口の全戸が真宗門徒である。

上吉山は、明治四四（一九一一）年には戸数二〇、人口一三〇人だったが、昭和四〇（一九六五）年には戸数一四、人口六八人と、過疎化はスピードを上げた。

安野は、上吉山がいつかは廃村になると思っている。それが何十年後かはわからない。いずれ田畑には杉の植林が進んで、見上げる空はもっと小さくなる。雑草を掻き分ければ、家屋の基礎部分や石垣が残って、ここに集落のあったことがわかる。林道の脇の黒ずんだコンクリートの火葬場、あれは何だろうといぶかしむ人も出てくるだろう。

「ずいぶん前だけど、大野で火葬場心中があったの、知ってる?」

私は安野に訊いてみた。使用されない火葬場で起きた事件を彼はどう思っているのか知りたかった。

「ああ。そう言えば、ほんなことがあったなあ」

安野は、あたかも遠い地方の出来事だったかのように答えた。

岡倉天心と火葬

上吉山大橋を渡ると、県道は芦見川の右岸に沿って延びるようになる。六〇〇メートルほど走ったところに、篭谷の火葬場があった。道路から緩やかな坂を少し上った場所を、火葬場用に切り開いたようだ。コンクリートづくりで、屋根をそのまま延ばした庇を支える左右の柱は太い。それでも雪の重さに耐えられないらしく、庇の真ん中を別の柱で支えている。その柱を蔓性の植物が巻き、天井まで届いているのである。火葬場は古びていない。

火葬場を過ぎると、県道から左へ緩い弧を描く狭い道があり、その道がまた戻って県道へと繋がっている。県道と弧の内側の日当たりのよい小さな場所が田んぼなのだ。延享五（一七四八）年には畑だけで田んぼがなく、ほかの集落とは異なっていたが、その後、開墾されたらしく、明治末には田んぼのあったことがわかっている。民家は弧の外側と、緩い坂道を上ったところに建っている。だから集落からは火葬場は見えない。しかも野辺送りの距離はたいしたことはない。ここもよい場所にある。

文政六（一八二三）年の郷中家数人別仕出帳では「篭谷村一〇軒高持、六一人」である。それが明治四四（一九一一）年には戸数一一、人口七一と増えている。ところが昭和五八年（一九八三）一月一日には戸数七、人口二一と極端に減少している。さらに平成三一（二〇一九）年四月には五戸、九名である。

ここ篭谷は、日本の美術や思想の素晴らしさを世界にひろめた岡倉天心（本名・覚三）の父、岡倉覚右衛門が生まれたところである。覚右衛門は福井藩士であり、藩命により横浜で貿易商を営んでいたことは知られていても、篭谷が生地であることは明らかにされていなかった。それは天心自身が父親についてほとんど語ってこなかったことによるのだろう。

覚右衛門は文政三（一八二〇）年ごろ、篭谷の中井七郎右衛門の息子（次男らしい）として生まれている。覚右衛門は八歳のころに篭谷を襲った大凶作で、口減らしのために親戚の清水惣兵衛家に奉公に出された。このころ大凶作に見舞われたのは何も篭谷だけではない。文政五年には同じ美山の三万谷村から困窮のために多くの散田者が出ており、翌六年には大ひでりで苗が枯死し、農家は大きな痛手を負っているのである。餓死者も出たこの大凶作から立ち直るのは容易なことではない。口減らしに出された子どもは覚右衛門だけではなかっただろう。子どもを奉公に出すことで、親も子も生きられたのだ。一〇戸の集落では助け合うこともできなかっただろうから。

藩政時代、芦見谷は大野藩に属していたが、米収納制は厳しいものであった。年貢米は大粒種と決まっており、しかも乾燥もやかましく、役人の鑑識は不良のものを容赦なく不合格とした。その上、納入者の怠慢を責め、将来を戒めるのである。容量においても、不足する場合はその不足を補塡させ、一升以上不足する場合は、処罰の上、入牢となった。

村の最大の責任は、領主に対する年貢上納義務であった。一村単位の年貢完納によって、村に対し、皆済目録が渡されるのだから、住民の苦労は並大抵のものではない。住民の飯米は雑穀が主で、白米は年に数回という低い生活状態にあったのである。不時の災害や天候不順などで、御救米・下行米・石代銀などを拝借してしのぐこともあり、領主に年貢の免定について願い出ることもあったが、領主は見分の上で免引する厳しさだった。年貢滞納、未進の場合には処分が課される。重いものでは高掲・居村追放・牢舎などがあった。住民はなんとしても村の連帯責任を果たさなければならなかったのだ。その上、藩の財政逼迫にさいしては、献金を求められた。

子どもだった天心は、父から口減らしに出された事情は聞いていても、農村の厳しい生活までは思いおよばなかっただろう。天心が父親についてほとんど語らなかったことについて、「その原因は、彼（覚右衛門）が幼児生活をした実家が、天保飢饉で打撃を受け、生活の貧困にあえいだ農家であったこと、軽格であるとはいえ、藩士格の家格の養子となったので、あまりにも格差があったために、その出生・出自を明らかにすることを憚ったのであろう」と推測する一文が『美山町史』にある。天保の飢饉は天保九（一八三八）年のことだから、「天保飢饉で打撃を受け」というのはあたらないが、大飢饉、大凶作には違いない。多くの人が餓死し、あるいは土地を離れて、生きる方法を模索した。みんな、生きることに必死だったのである。

覚右衛門はその後、足軽身分であった同藩の岡倉勘右衛門の養子になった。覚右衛門は郡組での働きが認められ、下士身分として最下層の組之者（足軽）から諸下代に昇進した。そして四年後、江戸詰を命じられた覚右衛門は算盤の才能と実直な人柄、さらに勤勉を評され、次第に出世していった。藩が開店した横浜商館石川屋の毎月の勘定を担当するようになったのだった。

　文久二（一八六二）年一二月、天心は横浜で覚右衛門の次男として生まれたのである。幼名は角蔵（のち覚三）であった。天心は子どものころ、父と一緒にたびたび篭谷の祖父の家を訪れている。覚右衛門は福井藩の命で貿易商を営んでいるのだから、福井へ帰ってくることも多かった。そのつど、覚右衛門は老いた親のいる篭谷に寄らずにはいられなかった。口減らしのために八歳で出た篭谷は、恋しさと痛みとを合わせ持つ故郷なのである。出世すればするほど、故郷、篭谷は胸に喰い込んできたのではなかったか。父に連れられて福井にやってくることも多かった天心は、覚右衛門が藩の連絡事で務めている間、篭谷に預けられていた。

明治一一（一八七八）年、覚右衛門の実父・中井七郎右衛門が死去すると天心は父と一緒に篭谷を訪れている。一六歳になった天心は東京大学に在学しており、南画、漢詩、琴も習っていた。天心が祖父の葬儀の様子を一幅の絵巻にしたものが長く中井家に残っていたが、福井の下町の親戚が貸して欲しいと持ち出したまま、戻ってこなかった。道はまだ牛馬が通れるほどのもので、ここを歩く野辺送りの一行を、南画を習っていた天心は夢中で描いたに違いない。

当時の火葬場があった場所は不明だが、周りを囲う物もない野焼きそのものであったはずだ。現存する火葬場がつくられるのは明治に入ってからのようだ。小屋の中に火葬炉を設け、煙と匂いは煙突が外に出す構造は、明治九（一八七六）年にドイツ人技師が開発したと伝えられている。

天心は、わずかな戸数の集落が火葬場を所有していることに驚いただろう。関東は多くが土葬だったろうから、火葬そのものにも仰天したのではなかったか。ここでは燃えやすい木に不自由はしない。天心は棺の上にたっぷり水を含んだ筵（むしろ）を被（かぶ）せて火をつける火葬を初めて見たのだ。炎はたちまち棺を焼く。その周りで隠坊が番をし、ときには棒で遺体をつついて焼く。煙はぼうぼうと辺りを白く染める。匂いもする。天心の目に火葬は素朴なものと映ったのか、原始的なものと映ったのか。天心が篭谷を訪れたのは、祖父の葬儀のときが最後ではなかっただろうか。

　明治三八（一九〇五）年以降に、天心は自筆履歴書に「茨城県平民」としながら、「旧福井藩士」と併記した。覚右衛門が町人になってから誕生した天心は、父が元は福井藩士であったことに誇りを持っていたことがうかがえる。たしかに、覚右衛門が藩命で手代勤になっていなければ、天心もまた士族を名乗っていたはずである。

　明治二四（一八九二）年、福井藩第一六代藩主、松平春嶽の一周忌に、旧福井藩士たちが松平家の菩提寺である運正寺に石灯籠を寄進した。そこには東京美術学校の校長となっていた天心・岡倉覚三の名前がある。

火葬場建設の費用

美山大谷（みやまおおたに）の火葬場も県道沿いにある。山裾（やますそ）のふくらみに沿って県道が緩（ゆる）いカーブを描く場所に、まるでリンゴの皮を剥（む）くような細い道が、山をわずかにのぼっている。緩やかな斜面の一部を火葬場のために削ったのだろう。火葬場の両側と後ろに杉の巨木が立っている。

火葬場の入り口の正面上部に、次のように書いた厚い板が張ってあった。

昭和五十五年八月建立
特別寄進者御芳名
一、金四十万円也　高溝守殿
昭和五十五年度

大谷区長

それでこの火葬場は昭和五五（一九八〇）年に建立したものだとわかった。昭和五九年に編纂された『美山町史 下巻』の「美山の地籍図・家屋配置図」の大谷の部分に、「高溝」姓の家はない。大谷以外に住む高溝守という人物が四〇万円を寄進したのだろう。老朽化した火葬場を建て替えるなら、半永久的に使用できるコンクリートづくりが望ましかったのだ。火葬場を囲む杉の巨木を見ると、前の火葬場は違う場所にあったと思われる。建築士の知人に写真を見せ、だいたいの大きさを言うと、木を切り、山を削る費用を含めれば、現在なら建設費用は二〇〇万円を越えるだろうということだった。

大谷は文政六（一八二三）年には戸数三六、人口一九八人と、一番奥の皿谷に継ぐ大きな集落であった。それが昭和五〇（一九七五）年には戸数一六、人口七四と減少している。その五年後の建立というのだが、戸数も人口もその間にたいした変化はないだろう。これだけの戸数では住民の負担が大きい。四〇万円の寄進はどんなにありがたかったか。厚い板に書いて張りつける気持ちもわかろうというものだ。

建設費用でいえば、木造のほうが安くできるのだが、長く使用することを考えれば、コンクリートづくりのほうを選択する。昭和五五年当時、将来を予測してこの仕様を決めたはずである。家族も自分も集落の人も、いずれはここで荼毘に付す。互いに助け合う。それが当たり前である。この火葬場を使わなくなるとは誰も想像しなかった。しかし建立から三〇年も経たないうちに、火葬の文化は大きく変化したことになる。

大谷の火葬場が昭和五五(一九八〇)年の建立と明確になると、芦見地区の現存の火葬場はほとんどが同じころに建てられたものと思われてくる。火葬場のかたちも、釜の構造もたいした違いはない。いずれもブロックを積んだものか、コンクリートづくり。釜はコンクリートかレンガを張ったものだ。釜の横には棺が乗る幅の台がつくりつけてあり、釜の底には緩い傾斜がついている。下吉山と同じ構造である。

　このようにして、私は一番奥の皿谷まで何度もいくようになっていた。火葬場の建設場所は、篭谷、大谷、所谷、皿谷は県道の際（きわ）にあり、下吉山、上吉山は集落から山のほうへ入ったところにあるが、西中は集落の前の道と、芦見川を越え、田んぼの中の道をまっすぐにいった南側の山の際にある。杉木立の影の中だ。陽が当たらないから火葬場は黒ずんで湿っぽい。横の叢（くさむら）に猪を捕獲する籠がおいてあった。

　この建設場所を見ると、実によく考えてあることに気づく。家族が亡くなると、遺族は輿（こし）に棺を乗せ、野辺送りという葬列で火葬場へ向かう。棺を釜に入れ、喪主が火をつける。そして遺族は帰っていく。翌朝、遺族は拾骨（しゅうこつ）のために火葬場へ向かうのだが、野辺送り、拾骨のためには、火葬場が集落からあまり遠くてはいけない。風向きによっては火葬の煙と匂いが漂ってくるだろうから、近すぎるのも困る。畑仕事などの普段の生活の行動範囲の中であって、目につかないほうがよい。これらの条件をすべてクリアしているのである。

かといって、火葬場はどこにでも建立できるものではない。火葬場は特殊建築物であるが、建築基準法を遵守(じゅんしゅ)しなければならないのは当然で、都市計画決定が原則となっている。だが次の場合は、特定行政庁の許可（「建設計発第二九条　計画局長・住宅局長通達」昭和三五年一月二五日）があれば、都市計画決定に必要な諸手続きを経なくても火葬場を計画することができるのである。

一、市街化の傾向の少ない場所で、周囲に対する影響が少ない場合。
二、暫定的なものである場合。
三、用途地域や都市施設等の既定都市計画がない場合あるいはそれらの計画の構想が確定していない場合。
四、その他の関係部局が公益上やむを得ないと認める場合。

とはいえ、無制限に火葬場計画が認められるものではない。

さて、晩秋になると、皿谷と西中の火葬場の入り口に、猪を捕獲する籠がおいてあった。雪が降ると猪は雪のない火葬場にくるのかと思ったが、そうではないだろう。籠が雪に埋もれてしまうから、火葬場においてある。つまり冬の間、火葬場を籠置き場に使っているのだ。

この大谷には、芦見地区で唯一の寺院である浄願寺（じょうがんじ）がある。文暦元（一二三四）年、開祖は教円坊で、もとは平泉寺末寺だったが、その後高田派の末寺になり、文明三（一四七一）年に蓮如に帰依（きえ）して浄土真宗本願寺末になっている。ここには石山合戦の際の顕如の感謝状がある。感謝状となると、これは伝説ではなく事実だ。もちろん道場もあり、白山神社もある。

第三章　七つの集落

西中から所谷、皿谷まで、いってみれば簡単だった。かつては皿谷を終点として京福バス美山線の路線バスが走っていたが、いまは地域バスが村民の足になっている。スクールバスを村民も利用できるという仕組みで、停留所には地域バスという看板が立っている。通学時間に合わせているが、一日に五回ほどの運行になるようだ。いくつかの集落に、学校に通う子どもがいるのだ。

所谷にも白山神社とふれあい会館があり、県道沿いに火葬場があった。もともと戸数の多い集落ではなかったが、いまはここも限界集落である。何度か訪れていたある日、火葬場の右側の壁に白いチョークで大きく、「所谷火葬場」と書いてあった。

わざわざ書く必要はないはずだ。おそらく、私が火葬場を覗いているのを誰かが見たのではないか。火葬場とは知らない余所者（よそもの）のために書いたのだろう。無人の小屋と勘違いして、不審者が住みつくのは困るのだ。私は不審者と見られたらしい。とすると、二つの火葬場の入り口に猪の捕獲籠があったのは、立ち入り禁止を表していたのかもしれない。

さて、一番奥の皿谷である。限界集落率最高の集落であるが、中世、近世には芦見谷の中心で、一番人口の多い集落であった。藩政時代には、芦見谷におよそ一〇〇〇人が住んでいたのだが、中でも皿谷はこの地区の入り口でもあったから、四〇〇人近い人がいた。

集落ができれば、リーダーが生まれる。皿谷の松浦家は、屋敷地内に稲荷の祠（ほこら）と、同家の埋葬地を持っていた。中世豪族のかたちを整えた家である。この松浦家には多くの文書が残されている。その中に日付は不明だが、北東に峠を越えた地域の勝山からの礼状に、ころり病が勝山町で流行っているので用心するようにと書き添えてきたものがある。峠は経済や産業を支えたが、情報や文化も、そして病も峠を越えて流入したのだ。

集落の奥に、耕作されている田んぼがあるが、雑草が生えたままのところもある。休日に手伝いにきてくれる子どもたちがいても、機械が入らない田んぼは放棄され、荒地になる。

芦見川は皿谷の奥、九十九廻坂（くじゅくまわりざか）付近を水源としているから、この辺りの川幅はまだ狭い。小学生でも飛び越えられそうである。川底の大きな石にあたる水が小さな音を立てている。この静かな山間の芦見地区には、昭和三〇年代半ばには、畜産を営む家もあった。牛四〇頭、馬一一頭、綿羊一八頭、鶏二〇〇羽がいた。さぞ賑やかなことであっただろう。

美山町の中でも、芦見地区はことに豪雪地帯である。冬の訪れは早く、春の巡りは遅い。一二月から三月ごろまで、一年のおよそ三分の一を雪に埋もれて暮らすのである。この時期に峠を越えることがどんなに困難なことか。命の危険にさらされる。台風がくれば山が騒ぎ、川が暴れる。こうして外部と遮断されるだけではない。地区内の集落とさえ行き来できなかっただろう。現在は毎週火曜日に農協の移動スーパーがくるけれど、かつては冬の間、人々は蓄えた農作物と、塩や糠で漬け込んだ魚などで命を繋いだのである。

雪崩も恐ろしいが、雪のために集落が孤立することもある。二メートルも雪が積もれば、道も川も田んぼもわからない。一面の深い雪の原に民家の屋根が見えるだけである。吹雪になれば方向さえ見失う。背丈を越える積雪で外へも出られない。昭和五六（一九八二）年には三八豪雪を越える降雪があった。村は孤立し、杉などの立木が大量に折れて、山一面が雪で真っ白になるほどの森林被害もあった。皿谷の酪農家が、「牛四十頭のエサがなくなり、『このままでは死んでしまう』と町の豪雪対策本部に助けを求めた」という記録がある。昭和五六年にも、この集落は牛四〇頭を維持していたのだ。過疎化が進んでいるとはいうものの、まだ活気もあったのだろう。
雪が降れば、現在は土建会社が一日に二度も三度も除雪を行っている。芦見道は生活物資を調達する命綱である。しかし雪崩を警戒しながらの除雪である。雪捨て場にはまったく困らないと、安野は笑った。市街地では市が指定した雪捨て場まで運ばなければならないが、芦見地区の県道では道路脇に積み上げたり、崖下に投げ落としたり、捨てる場所には困らない。しかし、除雪はできても、雪崩は防げない。道路の脇には四、五〇〇メートル級の山々が、深い雪を被って聳えている箇所が多いのである。山は、いつこの雪を振り落すかわからない。

皿谷で、私は車を畑の縁（へり）に止めた。畑には大根、白菜、葱などが植えてある。冬の大切な食糧であり、仕事が休みになるとやってくる息子や娘たちに持たせるのだ。親元に通ってくるのは、ここで育った世代だけだろう。都市部で生まれ育った彼らの子どもにとっては、親の故郷でしかない。

皿谷で暮らしているのは、高齢者ばかり数人。ここまで過疎化した理由は何なのだろう。

かつては下吉山から獺ケ口へは、人ひとりが通れるだけの道だったからほとんど利用することができず、皿谷の方から標高五六二メートルの九十九廻坂を越えて大野市へ行き来したために、皿谷が芦見谷の入り口だった。それが獺ケ口への道路が改修されたことによって、一番奥の集落とされた下吉山が芦見地区の入り口になった。すると数百年もの間、入り口だった皿谷が一番奥の集落になったのである。

私は芦見地区の地形を、両端を紐で結んだ細長い袋のようだと言ったが、道路改修によって一方の結び目が解けたのである。まして芦見道の自動車の通行が可能になったことで、この地区の人たちの悲願が達成された。福井市や美山町の商業地が一気に近づいたのである。だが、道路の開通で芦見地区が栄えたかというと、そうではなかった。農業よりも安定した収入を求めて多くの人が働きに出た。普段は都市部で生活し、休日にだけ農作業に帰ってくる人も増えた。閉鎖的な生活が長かっただけに、都市部の生活の便利さ、華やかさに憧れていた若年層が、なだれるように集落を飛び出していってても仕方のないことであった。過疎化はスピードを増していく。徐々に田んぼは畑に転用され、放棄され、杉の植林が進む。

杉の植林が始まったのは、昭和二九（一九五四）年に林道の開発が進んだときだ。昭和初期の不況による失業対策と、資材搬出のために林道の整備が急がれたとき、杉の植林も進んだのである。芦見地区の山々のおよそ半分が杉林に覆われている。深い緑の杉の林が、わずかな平地まで迫ってきている。美しい村の空はさらに小さくなっていく。

シートを少し倒して、小さな空を見る。この空の夜はどうなのだろう。私は安野に訊いたことがあった。

「ここから見る月や星はどんな？」

すると彼はいつもほとんど表情を変えないのに、にっこり笑った。

「それはァ……もう、なあ……」

口にするのも惜しいようだ。なので私は想像する。夜になれば、山は漆黒の塊になる。その漆黒の塊の間の空は、瑠璃色から濃紺に変わっていく。晴れた日には小さな空に星が満ちる。想像するだけで胸に迫るものがある。満天の星が雄大な宇宙を感じさせてくれるだろう。街の灯りも届かない。澄んだ空気が星を磨く。風が月を研ぐ。そうだ、ここには瞬く星が降る。岡倉天心も手の届きそうな月や、降る星を眺めたのだ。

煌々と照る白銀の月を視るとき、古代の人々は何を感じただろう。科学というものを知らなかった古代の人は、風も雨も雷などの自然現象に向かいあっても、喜びと慄きに震えただろう。厚い雲が濃紺の空間を塞ぎ、星も月も見えないことも、神のなすこととして畏れたのではなかったか。この谷間の集落にいると、そんなことを考える。

私が芦見地区の夜空を見ることはない。夜に車でやってくる自信がないからだ。

明かりのないカーブ続きの谷間の道を走るのは恐ろしい。だからこの美しい月夜を堪能できるのは、この集落に生きる人たちだけでいいと思う。羨望を覚えながらそう思う。


皿谷の集落を囲む杉木立に囲まれて、黄色く色づいた一本の木がある。杉に負けないほどの高さを誇り、枝張りも大きい。深い緑の杉木立と黄金色に輝くその木の色合い。ここにも六曲屏風がある。一本だけ残っているというのは、多分そこに住宅があったのだろう。あるいは田んぼか畑があって、その脇の一本が残されたのか。

廃屋の前には、たっぷりと陽を浴びた白い秋明菊が雑草に混じって咲いている。そこに住んでいた人が精魂込めて育てていたのだろう。人が去り、家屋は傷み、雑草の中に咲く秋明菊は、取り残された姿で寂しさを滲ませていた。

たいていの集落に廃屋がある。屋根のトタン板が一部分なくなり、下地の木材が剥き出しのまま崩れ落ちそうになっているのもあれば、窓や玄関や壁を囲ったビニールの波板が劣化して破れていることもある。人の住まなくなった家は傷みも早く、わびしい佇(たたず)まいになっていく。

過疎化が進んでいくのに、美山町は何もせずに手をこまねいていたわけではない。昭和四六（一九七二）年、自治省から過疎地域の指定を受けた美山町は、県の過疎地域振興方針に基づいて、四年間の新興計画を策定し、本格的な過疎との戦いを始めたのである。

芦見地区の地域振興策として、西中にリズムの森を、平成元（一九八九）年の七月にオープンさせた。山小屋風バンガロー、テント村、アスレチック用具、県内では初めてのグラススキー場など多彩な施設を備えた野外活動施設である。芦見地区の自然と環境を活用したもので、多くの人の利用が見込まれた。二年後にはコテージを二棟オープンさせ、平成七（一九九五）年にはついに入場者一〇万人を達成した。だが、賑わいはそう長くは続かなかったのだ。リズムの森は利用者も次第に減って、近年は一年におよそ三〇〇〇人にとどまり、数年後には廃止になるようである。

昭和三五（一九六〇）年には六つの中学校が統合され、芦見中学校が閉校した。平成一三（二〇〇一）年には四つの小学校が統合され、芦見小学校が閉校し、芦見地区には学校がなくなったのである。学校へは芦見川を渡っていったのだが、そこに架かる「にこにこ橋」を渡る子どもはもういない。

児童たちは新しい学校にスクールバスで通うようになる。平成六（一九九四）年に完成したモダンな鉄筋三階建ての芦見小学校と幼稚園の校舎は、完成から四年ほどで学校としての役目を終えたのだ。それでもしばらくは生涯学習の場所として活用されたのだが……。

現在、幼稚園があった広場には、すべり台やジャングルジムが残ったまま雑草が風にそよいでおり、フェンスに囲まれた小学校のグラウンドも雑草が生い茂っている。過疎化との戦いに敗れた名残りのようではあるが、芦見地区を活性化させようとした、血のにじむような奮闘が垣間見えもする。

しかし過疎化が進んだとはいえ、コンクリートづくりの家やリホームした家もある。ここが好き、ここで生きたい、ここが一番いい、そんな声が聞こえてくる。住民全員がこの村で生まれたのではない。結婚してここに住むことになった人もいる。そんな人も芦見地区に愛着を持つようになるのだ。通りすがりの余所者にはわからないものが、どこの土地にもあるものだ。

皿谷の奥に、山に沿って道路がある。山間を縫いながら続く道の先にある九十九廻坂は、福井市と大野市の境にある標高五六二メートルの峠である。芦見地区と大野を結ぶ主要な峠だ。かつては車両の通行が不可能だったが、新設した林道の整備と、長さ六一五メートルのトンネルの掘削が行われ、平成一四（二〇〇二）年から車両の通行が可能になった。ようやく細長い袋のような地形の両端がほどけたのである。

このトンネルのおかげで、芦見地区と大野市は車で行き来できるようになった。

一八年前のことである。交通の不便は長く続いていたのだ。しかし道路が整備されたといっても、利用するには自動車がなくてはならない。このトンネルを出るにも、岩屋橋までも、さらに小和清水から電車に乗るにしても、すべて自動車が必要なのである。農協の移動スーパーがきてくれるようになり、宅配便もくる、訪問看護もきてくれる、息子や娘たちがきてくれるのを待つ。自動車をもたない高齢者には、待つ生活なのである。

皿谷から戻ってくる途中、集落と集落の中間あたりのカーブを曲がると、道路の真ん中に二匹の小さな動物がいた。子どもと思われる一匹は、素早く道路の下の叢（くさむら）に向かって走った。しかし大きいほうは、車を見ても走る構えはしたものの動かない。じっとこちらを見ている。車はゆっくり走らせていたが、さらにスピードを落とす。さて、どうするのだ。あと一〇メートルというくらいまで近づくと、こちらを見ながら叢のほうへ走っていった。人間のような顔をしていたから猿だろうか。しかし、白い顔をしていた。日本猿は真っ赤な顔をしているのではなかったか。

それに丸々と太っていて、猿のように長い胴ではなかった。これはいったい何者か、わからない。もし私が歩いていたら、睨(にら)みあいの末に襲われていたのだろうか。

一一月下旬、年内にここへくるのはもう最後になるだろうという気がする。民家は冬仕度をしていて、玄関の脇には薪がどっさり積んである。玄関は最初から二重にしてある家が多い。隙間風を防ぐためである。積もった雪で戸が壊れ、ガラスが割れることもあるからだ。掃出(はきだ)し窓(まど)には材木でつくった大きな枠を斜めにあて、ビニールの波板を打ってある。荒れ地や川べりのすすきの穂がすっかり開いていた。

晩秋の夕暮れは早い。市街地でも五時になればもう真っ暗である。四方を山に囲まれたこの地には、夕闇はもっと早く訪れる。たとえ雪が降らなくても、冬はこの地に入るのは困難だ。日中、陽の当たる場所は道路も乾いているが、山陰になるところは乾かないから凍る。うっすらと積もった雪でもアイスバーンになってハンドルをとられる。しかもカーブ続きの道である。熟練した運転技術を持ち、道路情況を熟知していても危険である。昼なお暗い山陰の、日没の暗さは恐ろしい。闇の中に明かりは車のライトだけである。

私は思い出す。二月のよく晴れた日に獺ケ口の火葬場を見にいったとき、道端に男性が二人座っていたことを。それから彼らと別れて車を止めた場所に戻ると、一日中陽の当たらない芦見川左岸の道路は、前日に降った雨が乾くことなく、凍っていた。この道を車で通るのは危険だと感じた。いや車どころか歩くのさえ危ない。

七つの集落をめぐって獺ケ口橋を目指す。めずらしく先に走る車があって、落ち葉を巻き上げる。

上吉山の安野久朋の言葉が、私の心を捉えて離さない。

「火葬場を壊そうっていう話はない。また誰かが村で火葬してほしいって言うかもしれん」

獺ケ口の森本敦子の声も、私の耳に残っている。

「でも、ここで火葬してほしいという人が出てきたら、火葬場を使うでしょう。

隠坊役がいなかったら、葬儀社に頼めばいいんだから」

獺ケ口と芦見地区、この美しい村の火葬場に再び火が入ることはあるのだろうか。それにしても、これらの七つの集落に神社と道場と火葬場が揃っているのはなぜなのか。

ようやく獺ケ口まで戻ってきた。ここは芦見地区の集落とは雰囲気がまったく違うことを実感する。民家の集合は生活の匂いがする。人の温もりがある。背後に山があり、目の前に大きな川があるけれど、市街地と変わらない活気が漂っている。

芦見地区のほうからクロネコヤマトの車と、温泉旅館の送迎バスがやってきた。どちらも大野からトンネルを抜けてきたのだろう。めずらしいものを見るように、私は二台の車を見送った。

II 蓮如と山の民

第四章　信仰の力

信仰のはじまり

獺ケ口（うそがぐち）や芦見（あしみ）地区の閉ざされた環境の中でも、古代から人々は生きてきた。木の実、山菜、野生の動物などの山の恵みをいただき、わずかな耕作地で農業を営み、川で魚を獲った。収穫の少ない冬のために、人々は智恵を絞って食糧を貯え、この地を去ることはなかった。時代が進むにつれ、製炭、養蚕の産業が生まれて経済を支えたが、それまでも、それからあとも、彼らの精神を支えたものは何だったのか。

神社、道場、火葬場の存在を知ってからずっと考え続けていたことである。

それは信仰だろう。所谷の吉田家には、銅造聖観音菩薩坐像懸仏が所蔵されており、平安末期のものと推定されている。そこで、この地域では古代信仰としての天台浄土教が信仰されていたことがわかる。宝暦九（一七五九）年の『大野領寺社記』及び雑記に、皿谷の白山神社の地蔵菩薩堂には木造の延命地蔵立像が祀られ、皿谷村氏神と記されている。中世末から近世にかけて、生に対する強い願望から延命地蔵の信仰があったようである。集落には村人のために祀られる神があったのだろう。神を祀るということは民俗的習慣であった。

寺院も多いが、神社も多いのが、福井県の特徴の一つである。白山神社は福井県内に二千数百社あり、白山神社のない村や町はほとんどない。芦見地区にも白山神社が五社あるが、いずれも建立は不祥である。

こうして神を祀る信仰の篤い地域に、真宗という仏教がひろまり、道場ができたようである。それなら、この閉ざされた環境の地域に仏法はどのように浸透したのか。これが次に考えることだった。

美山町の寺院はほとんどが真宗に属している。元は天台宗だったところもあるが、親鸞、蓮如に帰依して改宗したのだ。だから真宗の中でも本願寺派が多い。

獺ケ口にも、芦見地区の各集落にも、ふれあい会館と称した道場がある。道場という信仰の場をつくったのは真宗中興の祖である第八世蓮如である。蓮如の越前（福井県）布教が始まったのは文明三（一四七一）年だが、そのとき以来、人々が五五〇年も大切にしてきた信仰が、ここには現在も変わることなく続いているのだ。

私は集落ごとに、なぜ火葬場があり、どのような葬送の文化が継承されてきたのかを知りたかったのだが、獺ケ口と芦見地区の特殊な自然環境と歴史がわかってくると、火葬場だけ切り離すわけにはいかないと思うようになった。

芦見谷のリーダーであった皿谷の松浦家は天台宗だったため、長く土葬であった。このことから、芦見谷では土葬が行われていたと考えられる。それが蓮如の布教で、松浦家も真宗に改宗している。そして土葬から火葬に替わったのである。火葬場は信仰と深く繋がっていた。

先述したように、火葬は仏教とともに日本に入ってきたと言われているが、多くの仏教宗派は布教のためには土葬も容認したし、真宗にしても火葬が至上命令というわけではなかった。だが、越前では真宗のひろまりと同時に火葬が普及した。真宗は、この地の葬送の文化を変えたのである。

火葬といっても当時は野焼きだったろうが、時が過ぎて、集落に火葬場ができたのも当然だろう。それなら、なぜ集落ごとなのか。

石川県との県境近く、福井県あわら市吉崎(よしざき)は、「蓮如の里吉崎」と称されている。東北は石川県江沼郡(えぬまぐん)に、東南は雑木林の丘陵地帯を隔てて細呂木(ほそろぎ)に続き、西方の北潟湖(きたがたこ)は日本海に繋がっている。ここは蓮如が布教活動の拠点としたところであった。

現在、この地は吉崎御坊(よしざきごぼう)と呼ばれている。本坊跡は標高三三・三メートルの山上を平らに造成したもので、およそ三〇〇〇坪である。ここが「御山(おやま)」である。蓮如が布教の拠点としたころの「御山」は北潟湖に突き出た小さな半島であった。いま、「御山」をくだるなだらかな斜面には、本願寺派吉崎別院と大谷派吉崎別院が隣り合わせに建ち、山裾には民家が軒を並べている。

浄土真宗の祖である親鸞の、「念仏を称えることによってのみ救われる」とする専修念仏は、「老若男女、貴賤を問わず誰でも容易に実践できる」という教えだったから、世の中にひろく浸透していった。一方で、浄土の教えは、これまでの仏教を難行であると批判したため、比叡山延暦寺や奈良の旧仏教勢力から危険視され、迫害を受けるようになっていた。やがて専修念仏は朝廷によって禁止され、越後（新潟県）に流罪になった親鸞は、越前（福井県）、加賀（石川県）、越中（富山県）に足跡を残して越後に向かっている。

越前における真宗の教化は、本願寺第三世の覚如のときにようやく始まった。しかし高田派（津市の専修寺に本山を置く浄土真宗の一派）の勢力が強く、本願寺の力は及ばなかった。それが八世蓮如の布教によって、真宗の統一がすすんだのである。

やがて門徒農民による堅固な組織がつくられ、のちには一向一揆へと繋がっていくのだが、蓮如はどのような布教方法で民衆の心をとらえたのだろう。

親鸞の血をひく蓮如は、浄土真宗本願寺八世となり、布教の拠点として、文明三（一四七一）年五月から同七年八月まで、四年三カ月をこの地、越前に在住した。そしてここを「真宗王国」と言われるほど多くの熱心な信者を育て、浄土真宗を一大教団に成長させた。蓮如の布教の成功は、ここ吉崎から始まったのだ。

吉崎にくるまでの蓮如は、近江で念仏の教えを精力的に伝えていたが、それが比叡山の山徒を刺激した。寛正六（一四六五）年一月と三月の二度にわたり、真宗の急速な拡大を恐れた延暦寺衆徒に大谷本願寺を破却（はきゃく）、焼き討ちにされるのである。蓮如は布教活動の拠点について、考えを巡らした。

吉崎は越前と加賀の境に位置し、両国の支配が届きにくい未開の地であった。さらに寺院要塞を築くのに適していた。坊舎（ぼうしゃ）を建立した「御山」は標高三三メートルあまりの小高い丘であった。しかも北潟湖に出る小さな半島である。つまり三方が北潟湖に囲まれているから敵の襲来を防ぎやすい。延暦寺は遠くなったとはいうものの、油断はできない。平泉寺や豊原寺（ともに天台宗）という古くからの勢力もある。

吉崎の背景には越前平野があり、このころ九頭龍川の水を引いて開発が進んでいた。吉崎の住民は農業と漁業の兼業で生計を立てる、裕福な農民が多かったのである。つまり、住民は日常生活に浄土真宗の教えを受け入れやすいという土壌があった。住民が差し出す浄財（布施）は教団の経済を支えるはずだ。五月に越前に赴いた蓮如は、加賀でも布教。七月には越前の大名、朝倉敏景の外護を得て、吉崎に坊舎（道場）を建てた。

蓮如は門徒に、「南無阿弥陀仏」の六字の名号を本尊仏として仏壇に安置させた。「真実第一の本尊は絵像でも木像でもなく、六字の名号である」と言って、そのありがたさを強調したのである。絵像も木像も高価だが、六字名号なら民衆でも手に入れることができる。蓮如は、墨書による六字名号を草書体で書きに書いた。初期は楷書で一字一字書いていたが、より多くの門徒への大量授与のために草書体が激増したのだ。御斎（日中の食事）前に二〇〇から三〇〇も書いた。ちなみに名号に対する謝礼は、一幅につき八〇〇文前後であったという。当時米一石が一貫文だったようだから、八〇〇文は米八斗分に相当した。米一斗は約一五キロとして、一二〇キロの値段と考えていいだろう。現在の金額にすれば、一幅は四万円から五万円となる。蓮如は仏教者であるが、教団の経営者として逞しい商才も持っていたのだ。

蓮如は親鸞の教えである、「他力本願をさらに徹底して説いた。男女の違い、貴

六字名号。

賤の別なく念仏を唱えることで極楽浄土に往生できる」とする浄土信仰は、民衆の心をひろくとらえていった。当時の民衆の家は、食べて寝るだけの簡素なものだった。信仰の対象となる本尊を迎えた民衆は、自分の家で、朝に夕に念仏を称えるようになる。新しい文化が生まれたと言えるだろう。

「南無阿弥陀仏」はインドの発音を漢字に写したいわゆる音写語である。本尊仏を「南無阿弥陀仏」とし、日常の念仏の名号と一体にしたことが重要であった。門信徒が群衆となって吉崎に押し寄せる。蓮如は民衆や下級武士から圧倒的な支持を得たのだった。「御山」には御坊直属の仏絵師、表具師などの職人たちと、日用雑貨や食料品を売る商家も軒を連ねる。

蓮如が支持を得たのは、本願寺法主（ほっす）という地位もあったが、それだけではない。蓮如は集落ごとの法座「講（こう）」を奨励し、御文（おふみ）による文書伝道、「正信偈（しょうしんげ）」「三帖和讃（さんじょうわさん）」の開版など、独自の布教活動を展開したのである。信仰に生きるようになった民衆の熱意と勢力は、やがて守護、地頭の覇権争いにまで発展していく。人々の結束はさらに強固なものになる。心が熱くならないはずはない。
文明七（一四七五）年の八月、夜もふけてから蓮如はひそかに吉崎を去った。吉崎門徒団と加賀守護との対立が激しさを増し、守護方の吉崎攻撃を恐れたからだ。これで蓮如の吉崎時代は終わったのである。

蓮如が吉崎を退去して間もなく、北陸の門徒は一揆化していった。特に加賀の門徒は能登・越中の門徒と糾合（きゅうごう）して一揆の勢いは二〇万にも達し、ついには守護を滅ぼした。加賀の一向宗（真宗は一向宗や門徒宗などとも呼ばれた）の一向一揆である。

一向一揆は宗教一揆であり、本願寺の僧侶と農民門徒たちが戦国大名の領国制度に反抗した戦いであった。信仰は一揆軍の団結をますます強固なものにした。専修念仏の信者にとって、弥陀の救済の喜び以上のものはない。信者は死を恐れることなく、敵に向かっていったのである。この一向一揆は織田信長に討伐されるが、その後、大坂石山本願寺が信長と和睦するまで、争乱は一〇〇年も続いたのだ。

蓮如が吉崎を去っても、民衆の篤い信仰心が揺らぐことはなかった。芦見地区の集落の特徴の一つに、集落の住民すべてが同じ寺院の門徒ということがある。

皿谷は松岡町の慶崇寺、所谷・上吉山・下吉山は福井市寮町の勝縁寺、西中は横住町の真勝寺、大谷・篭谷は大谷の浄願寺と四つに分かれている。すべて浄土真宗本願寺派で、本山より布教を委託された寺院である。

ここで集められた浄財は、上納金として本願寺とこれらの寺院に納められる。このように、本願寺の財政を支えたのは末寺銭、志納、勧進等、つまり農民・町民による小さな単位の献金であった。このことを考えても、集落全部が同じ寺の門徒というのは何かと便利だったのである。

およそ五五〇年前の蓮如の布教の力がどのようなものであったか、その一端をうかがうことができる宗教行事がいまも続いている。信仰に生きたのは獺ケ口や芦見地区の人だけではなかった。

吉崎にある本願寺派吉崎別院と大谷派吉崎別院、この両別院では、毎年四月二三日から五月二日の間、連日、蓮如を偲ぶ法要「蓮如忌」が営まれる。これは蓮如の遷化（死亡）を知った吉崎直参の門徒が二十五日講をつくり、毎年三月二五日に蓮如が下賜した六字名号をかかげて蓮如忌をもったのがはじまりとされている。

一般に「レンニョサン」と呼ばれるこの「蓮如忌」の初日に到着するように、四月一七日、蓮如上人の御影（蓮如が吉崎を去るとき、門徒の懇請に応えて、鏡を見ながら描いた蓮如の自画像とされており、延宝元（一六七三）年に京都の東本願寺に預けられた）がリヤカー仕立てのこじんまりした輿に乗せられて、京都の東本願寺を出発する。下向の一行は、片道約二四〇キロメートルの道のりを、六泊七日をかけてひたすら歩き、吉崎の別院をめざすのだ。

東本願寺から烏丸通りを三条まで上がり、琵琶湖の西を巡る。福井県に入った一行は、まだ雪の残る木の芽峠を越えて今庄へ抜け、北陸街道を北上するのである。晴れの日ばかりではない。雨や風の強い日もある。そんな中でも一行は輿にシートを掛けて歩む。

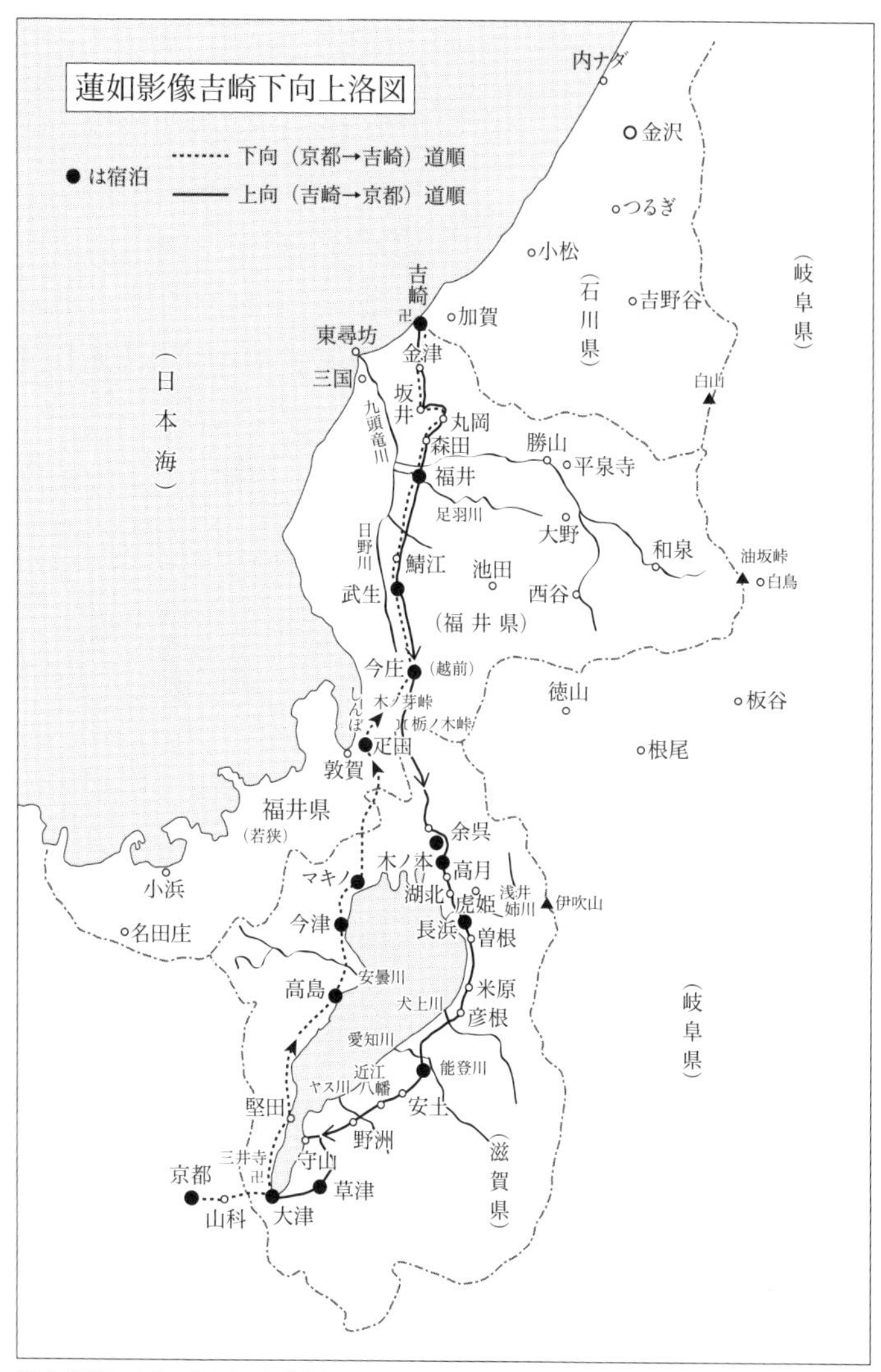

蓮如影像の道。坪内晋『蓮如上人影像供奉記』1976年より。

「蓮如上人様のお通り」という連呼の声とともに、御影の乗ったリヤカーを引く一行は、約一〇人の僧俗である。平成三一（二〇一九）年の下向には自主参加者が一二名いた。彼らは京都からずっと歩き続けたのだが、その中にはアメリカから参加した日本人もいる。その間、「お立ち寄り」場所はおよそ八〇箇所とも言われている。寺院だけではなく、一般門徒宅もある。「お立ち寄り」では教導が仏壇の前で「歎仏偈（たんぶつげ）」を読み、読経（どきょう）の間に人々が御影木櫃（ごえいきびつ）の前で焼香する。それから一〇分ほどの説教があり、次の「お立ち寄り」をめざして歩くのである。

「蓮如上人様のお通り」という声が聞こえると、人々は家から飛び出してきて迎え、「御対面」とか「お腰延べ」と、まるで「生き仏」のように拝む。そして賽銭や花などを供えたあとは合掌して見送ることになる。

最終日、二三日の朝八時、福井別院を出発した一行は、大勢の人に見送られて吉崎をめざすのだ。新緑が山を覆い、野辺にも家々の花壇にも色とりどりの花が咲いている。市街地を過ぎれば、水を張った田んぼに、田植えの準備も進んでいる。そんな季節がこの行事をいっそう盛り立てるのだろう。商店街をいけば、店主も客も通りへ出て「蓮如様」を迎え、やはり合掌して見送るのである。中には次の「お立ち寄り」まで同行する者もいれば、せめて輿を引く綱に触りたいと願う者もいる。

吉崎へは夕刻の七時半ごろに着く。すでに暗い。細呂木(ほそろぎ)街道吉崎口に到着すると、「蓮如様のお着きー」という供奉者(ぐぶしゃ)の大声で、迎えに集まったおよそ四〇〇人（平成三一年）の参詣者は高張り提灯やホオヅキ提灯を手にして、「南無阿弥陀仏、南無阿弥陀仏」と唱えるのである。お着きの触れ太鼓が鳴り響く中、輿は山門から掛け声とともに一気に石段を駆けあがって別院の本堂に向かう。門前や境内、石段の両側で見守る群衆は、地元はもちろん、東京、名古屋、大阪方面からもやってきた真宗門徒である。

本堂に到着した御影が「御すす払いの儀」のあと、本尊の隣に奉懸(ほうけん)されると、僧侶、参詣者による「正信偈(しょうしんげ)」の大合唱となる。

「オカタミの御真影(ごしんえい)」といわれる御影は、東本願寺と大谷派吉崎別院の二箇所だけの御開帳なのである。御影を納めた筺は東本願寺の紋章のついた朱色の布で覆われており、東本願寺と吉崎別院の関係者以外はその布を払って筺に触れることさえ禁じられているのだ。こうして蓮如の自画像は蓮如忌の間、本堂の内陣に開帳されるのである。別院の狭い境内は、一目「蓮如さん」を拝みたいと、全国からやってくる真宗門徒でいっぱいになる。彼らは一定額の礼金を支払って、内陣の御影を間近に見るのだ。五〇〇年以上も前の「生身の蓮如さん」の前に額ずくのは、篤い信仰心の表れというしかない。

　御影の蓮如は、茶色の法衣を纏っていた。顔と手が胡粉を塗ったように白い。内陣はほの暗いせいか、その顔と手が浮き上がって見えた。絵像だけを見ると、慶長一六（一六一一）年に下付されたようには思えない。後世の手が入っているのだろう。

五月二日に蓮如忌が終わると、御影は上洛する。下向路を戻るのだが、木の芽峠を越えると北国街道、中仙道を通るのだ。琵琶湖の東側である。そして東本願寺へ戻るのである。上洛には八日かかる。こうしていまも、熱心な門徒による「蓮如上人御影吉崎御下向」があり「蓮如忌」が営まれているのだ。

この「蓮如上人御影吉崎御下向」はいつから始まったのか。平成三一（二〇一九）年で三四六回というから、延宝元（一六七三）年であろうか。開始の説はいくつもある。これだけの古い歴史を思えば、日本では類を見ない宗教行事だろう。こうして行動する熱心な門徒もいれば、数百年も信仰中心の生活を送る芦見地区の人々もいるのである。

小さなお寺「道場」

道場は浄土真宗の小さなお寺であった。ふれあい会館、あるいは公民館と呼ばれていても、役割は道場そのままのところが多い。道場は特に建築様式が決められていないので、外観はほとんどが民家に見える。中はといえば玄関、つまり入り口から信者を収容する場所である外陣（げじん）が広くとってある。仏や祖師を祀（まつ）っておく内陣（ないじん）が一番奥である。本尊は阿弥陀如来で、名号や阿弥陀如来の画像などを軸装したものや彫刻像が安置されており、本尊背面の左右には、祖師の肖像や各種名号の軸が掛けられている。道場によっては灯香華具（とうこうげぐ）が飾られ、経机（きょうぎ）などを置いて供養や読経のさいに使用するようだ。このように道場は小さなお寺なのである。

道場に住職はいない。運営するのは集落の門徒たちである。道場があるのは真宗だけだ。この道場は北陸三県と岐阜県の一部に存在した。福井県といっても全域ではなく、敦賀から北の嶺北（れいほく）地方だけのようであった。この道場も時代の変化とともに役割は変わっていくようで、集会場や公民館を兼ねるようになっていく。

さてこの道場で、民衆はどのように信仰と関わっていったのだろう。蓮如は浄土真宗の教えを御文（おふみ）（御文章とも）としてまとめた。御文とは、和文法語形式で読み書きのできない民衆にもわかりやすく、簡潔に浄土真宗の教えを説いたものである。御文は総門徒の指導者である僧侶や長老によって、説教や法座のあとに、独特のフシをつけて厳（おごそ）かに読み上げられた。御文は説教においても語られたが、朗読を繰り返すことによって、民衆の心に浸透していった。読み書きのできない民衆も、独特のフシを覚える。御文は、民衆が暗誦することで在家勤行にとり入れられていく。民衆は宗教的な感動を覚えただろう。蓮如が身近な存在となり、御文は民衆の心の支えになっていく。この御文は吉崎時代までは数通しか出されていなかったが、吉崎在住時代には約八〇通を出している。この蓮如の御文による布教活動は、抜群の効果をあげた。

さらに読経を改め、「正信偈・和讃」を印刷して配布した。「正信偈」は親鸞の著書『教行信証』の行巻末に書かれた偈文で、真宗の正意と教義相伝の歴史を表現したものである。和讃も親鸞によって著された真宗信仰の讃歌だ。民衆はたとえ字が読めなくても、念仏の喜びをわかちあえた。これは御文とともに文書伝道と言えるもので、当時は斬新な民衆教化だった。

それまでの仏教は権力者の庇護によって繁栄した。ところが戦乱の世にあっては、時の権力者の多くはいずれは敗れ、滅びていく。しかし民衆が滅びることはない。

民衆を布教の対象にしたということも、蓮如の異能の発露なのだろう。

蓮如は庶民にもわかりやすく法を説いて信仰をすすめたが、集落を単位とし、その集落ぐるみの信仰組織をつくりあげてもいった。これが「講」である。六字名号を中心に人々が集まり、仏法を聴聞する場ができていく。蓮如は仏法を通して談合することをすすめた。仏の前では四民平等であると説き、信心を語りあう場所をつくったのだ。しかもその「講」は、寺ごとに、あるいは道場ごとに、そして集落ごとに開かれる。それは説法会という堅苦しいものではなく、飲食も交えることで、民衆のこれまでにない喜びの場、楽しみの場となった。ここに集落ごとという組織ができ、その集落にとって道場は、なくてはならない宗教施設となったのだ。

さて、蓮如は高座につかず、参詣者の中に入って説法をした。阿弥陀如来は信ずる者を必ず救う、そこに例外はないと、女人往生を説き、女たちの心を捉えたのだ。家族ぐるみで門徒化しようとする説法であった。宗祖命日の仏事、報恩講、先祖の法事などを厳修させることで、民衆の門徒意識を高めた。すると末寺の道場もこれに倣（なら）う。やがて、民衆は信仰を中心に据えた生活をおくるようになっていく。多くの寺院が真宗に改宗し、住民の家で開かれていた「講」は道場となった。寺に格上げされる道場すらあった。

上吉山のふれあい会館は、緩やかな斜面の中央にあり、ふつうの民家のように見える。毎月中ごろの日曜日に開く「講」は、夏は朝七時半に、冬は八時から「正信偈」の勤行（ごんぎょう）、その後、お茶やお菓子で雑談となる。蓮如の教えた「講」のあり方が、いまも続けられているのだ。こうした習慣が絆をつくり、住民たちの連帯意識を強めているのだろう。

冬を迎えるため、会館には薪ストーブが準備してあり、部屋の隅には薪が積み上げてある。灯油や電気ストーブでは寒さに追いつかないのだろうが、山に囲まれた集落、薪の調達はお手の物なのだ。

住民が交替で道場主を代務（だいむ）するのだが、当番表のように名前を書いて柱に貼ってある。ほかの集落の道場も同じようで、たとえば西中では住民が毎月交替で道場番を務めている。毎月第三日曜日を「講」の日と決め、ここも夏は朝七時半から、冬は八時から「正信偈」の勤行である。そのあとは、やはり歓談して過ごす。

このように集落ごとの道場は、蓮如の布教にその端緒を置いている。集落に息づいているのは、浄土真宗の教えを中心に生きるという伝統である。この地の住民は、なぜこれほどまでに信仰に生きることができたのか。この篤い信仰生活はどのようにして今日まで続いてきたのだろう。

真宗と出会うまでの、この地の住民の暮らしはどのようであったのか。この時代、中央の戦禍（せんか）が地方に波及し、社会の秩序の乱れはその極みに達していた。朝倉氏は徐々に勢力を延ばし、それまでの守護職を奪って越前を支配する。力をためた朝倉一族は、やがて美山の一乗谷（いちじょうだに）に居城を移した。ここは獺ケ口（うそがぐち）から芦見地区とは反対方向に一〇キロメートルもない場所である。三方を囲む山は要塞となる。山城（やまじろ）の本丸は、地上から標高四三六メートルと眺望もよく、飲料水にも不安のない地であった。朝倉氏は美山地方の多くに家臣を配置し、ここに一万はくだらない人々が生活する、賑やかな城下町が生まれたのである。夜になると上級武士の館では、たびたび京から呼び寄せた四座の猿楽がもようされることもあった。

都から公家衆や僧侶、文人などが下向することも多く、一乗谷では彼らをもてなす宴も開かれた。永禄一一（一五六八）年、足利義昭がここを訪れたとき、当主の義景は、屋敷を高価な茶道具や絵画で飾り、庶民芸能であった越前猿楽と、朝倉家臣の出演によって一三番の能を披露し、もてなしている。このときの笛、太鼓、小鼓などの囃子方もすべて朝倉家臣たちの手により、演能後には義景も舞を披露したという。朝倉氏は、和歌や連歌だけでなく、能や舞の習得にも熱心であった。近年の調査では、朝倉氏の遺跡から、明のものとされる黒釉陶器小壺や青磁碗、白磁碗などの茶道具とともに、座敷飾りに使用されていたらしい染付大皿などが多数発掘されている。同じ美山の地でありながら、民衆には無縁の、華やかな生活と文化がここにあったのである。

一方の民衆は、厳しい年貢の完納に苦しんでいた。ほかに附加税がある。出兵の多かった朝倉氏は兵糧米も要求しただろう。軍役や人夫差出しもあったかもしれない。戦国大名はより多くの年貢を取り立てるために、領国支配の戦いを繰り返す。民衆は苦しい生活を余儀なくされていた。その上に飢餓、悪疫などもあり、いつ厄災がふりかかってくるかしれない不安に怯えていた。生きていくには自衛組織を整え、自らの生活を守るしか方法がない。この苦しみにあって、団結と連帯を決定的にしたのが真宗であった。

蓮如の教えも布教の方法も斬新なもので、一般大衆の心を満たすもの、支えるものとして、それは民衆の前に登場したのである。その教えが、真っ白な和紙に墨を落としたように染みていったのも当然といえる。

信仰の喜びを得た人々は、精神の高揚を覚えただろう。「講」という組織によって、思いがけなく大きな安心も得られる。集落で生きる最大の不安は、孤立することではなかったか。戦乱の世の苦難に加え、集落でたった独り、とり残された状態で生きていくのは無理である。周りとの繋がりを保っていなければ、生きる意欲さえ失ってしまう。火事と葬儀以外はつきあわないという村八分もあっただろう。普段の暮らしは村八分にされても何とかなるが、葬儀はそうはいかない。故人というより、死者の出た家をめぐる血縁関係や地縁があり、葬儀とはそれらの組織なくして執り行うことができないからである。蓮如のすすめた集落ごとの組織づくりは、村八分の不安からの解放も意味したと思われる。宗教が興隆した根本的な原因は、宗教をもって闘争生活を忌避し、民衆に安心立命を与えたことだろう。

「講」は、集落に新しく大きな動きを起こした。民衆はその動きに合わせることで、前向きに生きていくことにもなった。毎月の「講」の日を楽しみに待ち、声を揃えて勤行することで民衆は一体となる。こうして信仰を深めあうことがどんなに大きな喜びになったか。芦見谷の住民だけでなく、戦乱の世に生きる人たちが求めるものと、蓮如のめざす信仰の組織づくりとは見事に合致したのだ。

これはまた、集落の自治的な組織力を強めることにもなる。人々の結びつきは強固になって当然である。この時代の、生活範囲の狭い住民は、ほかの集落との交流を必要とはしなかったのだろう。わずかな戸数の集落にも、神社、道場、火葬場があるのがその証（あかし）ではないか。わずか数百メートルしか離れていない隣の集落と、共同で使用する火葬場を建ててもよいのだ。もちろん道場も共有できる。ところが住民にしてみれば、わずか五戸の集落であれ、その五戸の結束のほうが大切だったのだ。人々は、蓮如の教えを頑（かたく）なまでに守ったといえる。

もっとも雪に埋もれる冬のことを思えば、隣家にいくのさえ難儀になり、一〇〇メートルはおろか、五〇メートル先に進むのも不可能となる。こういった自然環境の特殊性を背景に持つ信仰が、小さな集落に神社、道場、火葬場をつくらせたに違いない。道場で葬儀を行い、野辺送りで火葬場へと向かう。こうした風習において、道場と火葬場とは密接につながった施設になったのである。

このことは獺ケ口でも同じだろう。ここに、獺ケ口の男たちが隠坊役（おんぼうやく）を担う訳がぼんやりと見えてくる。数百年も続く篤い信仰心と、林業、養蚕をともにした強い結びつき、それは、たとえ隠坊がいなくとも、伝統を守ろうとする力となるに違いない。

一向一揆

信仰が人を動かし、歴史を変えたという出来事は歴史上少なくはないだろう。信仰によって結束を固めた民衆が権力に立ち向かうときの、恐ろしいほどの力をまざまざと見せつけられる出来事が、こんなに小さな集落にもあったことを、私は胸の高鳴りを抑えられない思いで知ることとなった。

室町幕府を滅ぼし、天下統一をめざす織田信長にとって、交通の要所である大坂は何としても手に入れたい港だった。そのために信長は、石山本願寺に莫大な賦課(ふか)をかけ、また明け渡しを要求した。この要求を顕如(けんにょ)は拒否し、各地の門徒に抗戦を呼びかけると同時に、信長と対立している諸大名と同盟を結んで戦闘体制を整えた。

そして元亀元（一五七〇）年九月、顕如は全国の僧侶・門徒に檄を飛ばし、織田信長に対して蜂起するよう促した。それは、「門徒は身命を投げ打って本願寺に忠誠を尽くしてほしい。忠誠を尽くさぬ者は永久に破門する」というものだった。ついに一〇年戦争となる石山合戦が始まる。

立ち上がった門徒たちは、念仏を唱えながら織田軍の銃火の中へ飛び込んでいった。だが、門徒の武装では敵うはずもなく、多数の農民が命を落としていく。信長の一向一揆討伐は容赦ないものであった。顕如とその継嗣であった長男の教如らは石山本願寺に籠城した。

その間にも、信長は越前に入り、八月には朝倉氏を討つ。このとき、およそ一〇〇年、五代続いた戦国大名朝倉氏は滅亡したのである。その後、本陣を朝倉氏の領地であった一乗谷（美山町）にすすめた信長は、越前の一揆討伐にあたった。高田派（浄土真宗の一派）の門徒は信長に味方し、本願寺門徒を討つ。

この一揆討伐に向けて海陸から越前に攻め入ってきたのは、柴田勝家、豊臣秀吉、明智光秀、丹羽長秀らの武将である。一三万の大軍は、峰々や谷間まで尋ね探し、わずか一カ月余りで三万から四万の人を殺したのである。そのやり方は、火で焼き殺し、穴を掘って生きながら埋殺（まいさつ）するなど、残酷極まりないやり方であった。こうして信長軍は、越前の一向一揆を討伐し、寺院堂塔を打ち壊したのである。

上吉山に残る血染めの十字名号の旗は、このときの戦いのものだろう。芦見谷を襲ったのは、信長の味方をした高田派の門徒ではなかったか。農民と農民との戦いに、芦見谷の住民は十字名号を旗にして臨（のぞ）んだのだろう。

芦見谷の住民は、信長の本陣がすぐ近くにあるというのに、一向一揆討伐からいかにして生き残ることができたのか。まず、彼らは一揆勃発（ぼっぱつ）の際には加担しなかったことが考えられる。信仰は大事にしても、自ら進んで戦いに挑むことはなかっただろう。しかし襲ってくる者とは戦わなければならない。

次に地形である。獺ケ口からの道は人ひとりがどうにか通れるだけの難所であり、一歩間違えば渓流に落ちる。皿谷に入る九十九廻坂（くじゅうくまわりざか）は標高五六二メートルの、牛馬の通行にも困難を極める複雑な地形の峠である。いわば入り口のない谷間の小さな村に、武将たちは馬を走らせて入ることはできなかったのだ。

朝倉氏は道路の整備に力を注ぎ、軍用道とこれを結ぶ民間道とを開発した。皿谷から九十九廻坂を出ると牛ケ原に出るが、朝倉氏はここの道路も重要視した。しかし九十九廻坂には手をつけなかった。地形が芦見谷を守ったと言える。

高田派への転派を命じられた芦見谷の七村は、惣代の名前で「佐良谷（皿谷）等六ケ村誓約状」を書き、否応なく忠節を誓わされる。

芦見佐良谷等六ケ村誓約状

当村の儀本願寺門徒に付而雖可被成御成敗候　高田三ケ寺江御門徒被仰付候忝存候　然者向後いかようにも寺一役可相働候　万一違乱存分申候者急度可成

御成敗候　仍如件

天正三（一五七五）年十二月八日

さら谷村堂下惣代　左衛門　花押

ところ谷村惣代　左衛門太郎　花押

中村（西中）惣代　小五郎　花押

大谷村惣代　善兵へ　花押

かごや村惣代　右衛門九郎兵衛　花押

けらし村（上吉山）惣代　総三郎　花押

山中村（下吉山）惣代　与五郎左衛門　花押

金森五郎八殿様

当村は本願寺門徒である。しかれども成敗によって高田派の門徒になるよう仰せつけられた。この件につき万が一違反する者がいたら、いかように処罰されてもよいというものである。こうして芦見谷の本願寺門徒は、高田派の折立称名寺の門徒になることを誓った。金森五郎八（長近）は一向一揆討伐の功で大野三万石を与えられた「殿様」である。高田派、三門徒派（高田派の分流。本山、福井市の専照寺）を保護し、本願寺を敵視した。成敗とは、一揆で高田派と戦ったことへの成敗だったのだろう。七村の惣代は、「殿様」に誓約状を出したが、実は偽りの誓約状であった。

　この誓約状を出しておよそ半年後の天正四（一五七六）年六月に、信長は六万の軍で石山本願寺を囲んでいる。このような情況の中、芦見谷の住民は大坂の石山本願寺まで懇志（信徒が捧げる物品や布施など）を送り届けたのだ。それも一度や二度ではない。なんと恐ろしいことをやってのけたのだろう。人々は蓮如によって信仰を知ったが、団結の力も知った。無理な収奪や弾圧に抵抗するには、一村の力より数カ村の合わさった力がより強力であることを知ったのだ。誓約状を書きながら密かに懇志を届けるのは裏切りである。「殿様」に知れたら、村民みんな打ち首であり、村は焼き払われるだろう。いや、これくらいでは「殿様」の怒りは治まるまい。信長の討伐の残忍さを、村民は知っていたはずである。それでも石山本願寺へ奔(はし)る。表向きは高田派の門徒でありながら、信仰は本願寺門徒のまま、村民は密かに行動していたのである。

健脚で豪気の者が大坂までの密使となって、芦見谷を出たのだ。途中で信長軍に出会うかもしれないというのに。送り出された者も出した者も、本願寺のためには命を惜しまなかった。高田派に改宗した村民のもとへ本願寺末の寺院は近づけない。高田派は標高五六二メートルの九十九廻坂を越えて日中は布教にきても、夜中の監視にはこないだろう。つまり、夜中にこの難所を越えて、石山本願寺の窮状を知らせにきた者がいたということだ。村民だけの判断で懇志を届けられたのも、他者が容易に近づけない地形だったからだろう。

芦見谷のあの厳しい自然環境の中から、どの道を通ってはるかに大坂まで届けたのか。当時の芦見の人たちはさしたる収入もなく、物々交換が中心の経済であり、石山本願寺に進納した金は、命を削るほどの工面をして用立てたものに違いない。蓮如の教え通り、門徒となった農民は「講」を中心に生きており、蓮如が吉崎を去っても、没しても、結束は固く、信仰心が揺らぐことはなかったのだ。信仰とは、ここまで人を動かすものなのか。

織田信長がどれほど攻めても落ちなかった石山本願寺だが、天正八（一五八〇）年三月五日、本願寺が勅令講和（ちょくれいこうわ）を受け入れた。事実上の降伏であった。顕如たちが本願寺を退去することで、この戦いは終わったのである。

およそ一カ月後の四月九日、顕如は石山本願寺を退去し、紀伊国鷺森（さぎのもり）に向かった。大谷の浄願寺に残っている顕如からの書状がこれである。

能海筆を染め候、依って大坂籠城の砌（みぎり）、当国門徒中、別して懇志を運ばれ候いつる儀、もっとも有難く候、去年以来、紀州雑賀(さいか)に在寺せしめ、ようやく諸国門下の衆参詣の趣(おもむき)に候、まづまづここもと無事に候間(そうろうあいだ)心安かるべく候、方々(かたがた)音信に付けても、万事調(ととの)い候

弥陀の懇情頼入(こんじょうたのみいる)ばかりに候

それにつけてもいよいよ信心決定(けつじょう)候いて、報土(ほうど)の往生治定(おうじょうじじょう)せられ候うべく候、若(も)し不信にて命終わり候はば、後悔当るべく候、よくよく心得られ候いて嗜(たしなみ)、肝要にて候、猶(なお)少真法橋をして演説せしむべく候也、穴賢(あなかしこ)〱

四月十六日　顕如　花押

越前国大野足南　十八日講中へ

越前大野国足南とは芦見のことだ。去年以来とあるので、紀州国鷺森へ移って一年後のものである。大坂石山本願寺で籠城のさいには、門徒の中でも特に懇志を運

んでいただき大変ありがたかったという、支援に対する感謝状であることがわかる。紀州雑賀にもようやく諸国の門徒が参詣にくるようになったと近況を述べている。

さらに顕如は、阿弥陀仏の救いにあずかり、すべての者が極楽往生をとげることができる。阿弥陀如来の教えに信順するということです。ああ、畏（おそ）れ多き仏のみわざに、かしこみてあれ。と説くのだ。信長が幾万の兵力をもってしても、信仰心を滅ぼすことはできなかったのである。さらに顕如のあとを継いで本願寺の法主となった准如（じゅんにょ）からの書状も残っている。准如とは顕如の三男である。

越前芦見十三日講衆中へ　准如

講中より銀子（ぎんす）廿　匁（にじゅうもんめ）到来有り難く覚え候、就ては舌安心の事一念にみだを頼むより外は、別の子細あるまじく候、其の上には昼夜朝薄念仏申上ぐべき事肝要に候也、穴賢穴賢（あなかしこ）

天正九（一五八一）年三月十日　准如　花押

勝縁寺下芦見十三日講衆中へ

越前志之衆中へ

志しとして銀子四十三匁　綿四百匁　又銀十匁たしかに受け取り有難く候、それに就いても老少不定（ろうしょうふじょう）の人界なれば、油断なく法儀（ほうぎ）のたしなみ肝要にて候、不信にて命終わり候はば、後悔は際限なるまじく候、よくよく心得られ候べく候

七月十九日　准如　花押

越前大谷村、新村（仁位）

わかご村志の衆中へ

准如の書状二通も懇志への感謝を述べたあと、もろもろの修行などに心をかけず、ひたすら阿弥陀如来の教えに従って念仏をとなえよ。ああ、畏れ多き仏のみわざに、かしこみてあれ。と説くのである。

芦見に残る准如の書状の日付は天正九年である。すでに石山合戦は終わっていたが、本願寺の経営は容易ではなかったのだ。各門末は「講」の組織で法儀を宣伝し、浄財を集めて本願寺を助けたのである。

農耕の収益も限られたものであっただろうに、芦見谷の住民も本願寺に銀子などを送っている。それに対する感謝状だが、顕如も准如も感謝の言葉より、信仰を説く教化文言のほうが長い。信仰が、門徒を強固な一枚岩にしたのを疑わないということか。

戦乱の世が治まっても、農民の暮らしが楽になることはなかった。苛酷な農民搾（さく）取（しゅ）主義の時代である。芦見谷の住民に、娯楽はあっただろうか。おそらくは刺激もない、外部との交流もない、心が弾むなにものもない、いつも小さな空の下で田畑を耕し、山での労働に励む毎日である。情報も文化も峠を越えて伝わってくるというものの、遊芸、娯楽はもとより詩歌（しいか）、音曲（おんぎょく）、歌舞（かぶ）などは、農民が楽しむことを禁じられていて、ただただ農耕にあたることを強いられていたのである。もっとも、禁じられなくても、それを楽しむ余裕はない。

民衆の心を支えるのはやはり信仰である。一向一揆をのりこえて、一村の絆はさらに強くなっていったようだ。

芦見地区の人たちは、現在も信仰中心の生活を送っている。上吉山では住民が交代で道場主の代わりを務め、「講」の伝統を守ってきた。市街地に住む安野も、「講」の時間に合わせて上吉山にやってくる。集落には信仰による強い絆があるのだ。そして道場の裏には白山神社がある。神に祈ることも欠かさない。

若い人たちは都市部や県外へと転出して過疎化は進む一方だが、集落を守っている人たちには、狭い耕地と広い山林での仕事、朝夕の仏前での読経と念仏の生活がある。名号を唱えて、仏の呼びかけに耳を澄ますのだ。収入の少ない土地の条件にもかかわらず、家には金箔を貼った大きな仏壇がある。仏事には丁重で、しかも道場において仏法を通し、談合する喜びに浸るのは、いまも変わることはない。本願寺への奉賀もほかの地域よりすぐれていることを思えば、この地域の歴史的風土は、やはり地形と特殊な自然環境のしからしめるところにあるとしか思えない。

ちなみに、上吉山の住民が毎月納める自治会費は一カ月三〇〇〇円。一世帯が一年に三万六〇〇〇円を負担している。会費は集落ごとに総費用が決まっているので、一三戸の集落では一戸あたりの負担は大きくなる。神社、道場の維持管理費や経費を考えれば、仕方のないことだろうが、そのうえに火葬場もある。市街地に住む安野の自治会は約一五〇戸、自治会費は一月七〇〇〇円である。そのほかに集会場（道場ではない）の維持費が一〇〇〇円、婦人部会費が二〇〇〇円で、合計、負担は一〇〇〇〇円である。

第五章　揺れる葬送の文化

ともかく火葬場を

建物の中に火葬炉を置いた近代的な火葬場を、どこよりも早く誕生させたのは京都市である。明治一一（一八七八）年真宗大谷派（東本願寺）と浄土真宗本願寺派（西本願寺）は、山科別院に近い京都南東の東山の山中に、隣り合わせに火葬場を建設した。「両本願寺火葬場」、「本願寺さんの焼き場」などと呼ばれたが、本願寺の関係者だけでなく、一般にも利用された。この両火葬場は昭和に入ってから京都市営となったのだが、京都市の火葬率の高さはずば抜けている。土葬禁止の区域が広いうえ、両本願寺の火葬場の建設が早かったからだろう。ちなみに京都市の明治三九（一九〇六）年の全死亡件数の火葬率は八〇パーセントである。それが大正八（一九一九）年には九二・五パーセントとなり、同一四（一九二五）年には九五・一パーセントとなっている。

近代化とともに、各地に近代的な火葬場が次々と建設されるのだが、燃料はどこでも薪と藁（わら）であった。明治三三（一九〇〇）年の全国の火葬率は二九・二パーセントだが、東京府は五九・七八パーセントだった。現在の日本では、火葬以外の遺体の処遇は不可能に近い。

福井県の市町村営の火葬施設は、昭和四〇年代から急速に整備された。これによって火葬の文化は大きな変化をみせる。まず集落の火葬場が使われなくなった。すると野辺送りもなくなる。それにともない特色ある風習は簡略化されたが、自宅や寺院が葬儀会場だったから、まだ地域の繋がりは残っていたのである。

美山町（みやまちょう）に、なぜ公営の火葬場ができなかったのか。各集落が火葬場を持っていることに、行政が甘んじていたわけではないだろう。多分、建設しても、利用できない地域があったのではないだろうか。つまり霊柩車が入れないのだ。

芦見地区の道路の幅員が四メートルになったのは、昭和二九（一九五四）年である。しかし自動車が通れる岩屋橋が完成したのは昭和三三（一九五八）年だ。こういった交通面での事情を抱えた地域がほかにもあったのかもしれない。

郊外の農村が集落ごとに火葬場を持っているのに対し、市街地ではどうだったのか。福井では、市街地の多くが真宗地帯である。福井市には昭和二〇（一九四五）年ごろまでは四つの火葬場があり、市民が利用していた。どれも公営ではない。市街地では人の移動も多い。人口は増えていく。当然ながら住宅の建設も進む。火葬場を建てる場所もないという切羽詰まった状況が生まれる。

四つの火葬場のうち二つは、周辺の市街地化が進み、火葬場としては不適当になっていく。火葬場のほうへと住宅が接近していくのだ。もう一つはもともと地形が狭く、拡張の余地がないうえに施設が不完全だった。したがって残り一つの火葬場に利用者が殺到するようになった。

地形が狭く、拡張の余地がない火葬場は、市の中心部から二キロメートルほど南西にある標高一〇〇メートルの足羽山（あすわやま）の麓にあった。昭和六（一九三一）年六月一日に、設置に関係する区長が立ち会いのもとに契約した、「山ノ奥石ケ谷火葬場関係区長申合規約」が残っている。関係区長八名と、墓地を管理する山ノ奥村区長、佛所管理区長代理者、有志佛所補佐役の名前が記されているところから、山ノ奥という集落が所有していた火葬場を、近隣の集落が共同で使用できるようにしたものと思われる。

この規約は一二條から成っていて、第一條にはこの火葬場を使用できる区域が明記してある。それによると関係区域は八区あり、かなり広い範囲にまたがっている。当時はまだ福井市と合併していない区域も含まれていた。行政区域を越えて利用されることを見越していたのだ。葬儀は近隣の相互扶助によるものと考えられていたのだろう。

第三條には火葬場使用料が明記してある。

第三條　関係区内の釜料は、葬儀の等級を基準として相定める。
一等二等の葬儀は金参円、三等四等は金弐円、五等六等は金壱円五拾銭、子供は脊負いたる者に限り金壱円。
但し、貧困者に限り無料とする（関係区長の証明を要す）。
区域外の者に対する釜料は区内所定料金の二倍とする（霊柩車の葬儀は各等料金の二倍とする）。

当時の葬儀には一等から六等までのランクがあったようだ。そのランクによって釜料が決まった。つまり大きな葬儀ができる家は高い釜料を払う。そうでない家は安い釜料でよい。また当時はほとんどが野辺送りの葬列であった。霊柩車を使用するのは大きな葬儀と見られていたようである。また区域外から火葬場までの野辺送りは無理だろうから、霊柩車を使うより仕方ないこともある。

霊柩車が日本で初めて登場したのは大正初期とされている。その例として大隈重信の葬儀があげられるのだが、福井でも昭和六（一九三一）年にはすでに「走る仏壇」と言われていた宮型霊柩車（みやがたれいきゅうしゃ）があったのである。当然ながら葬儀社もあったということだ。

先の使用「規約」の多くは、火葬場を運営管理していく上での決め事だが、火葬証明簿の設置から釜料の保管、維持費から諸費の支払い、会計報告までが細かく決められている。この経費の割り振り方から、一年に相当数の利用があったと推測される。

こうしてみると、郊外にある集落ごとの火葬場と福井市内のそれは運営形態が異なる。市街地では、数多い遺体の処理に苦慮していたことがうかがえるのである。

この待ったなしの情況を前にしては、信仰も地縁の繋がりも構ってはいられなかったのだろう。「規約」からは、ともかく火葬場を使用できるようになって、やれやれという安堵感が透けて見えてくる。

市の火葬場が完成したのは昭和一四(一九三九)年である。当時としては近代的な火葬場だった。その火葬炉もはじめは薪炉だったが、昭和三八(一九六三)年には重油炉に改造された。これによって一体あたりの焼却時間が一・五時間となり、およそ二時間後には拾骨が可能になったのである。四基の火葬炉がフル稼働すれば、一日に少なくても一二体の焼却ができる。

使用料は一二歳(かぞえ年)以上の寝棺については市内の者は一五円、市外の者は一七円となっている。座棺は市内の者五円、市外の者七円である。この使用料も物価の変動により何度か改定されたが、昭和四〇(一九六五)年には一二歳以上の寝棺については市内の者は一五〇〇円、市外の者は二三〇〇円になった。座棺は市内の者九〇〇円、市外の者一五〇〇円と、二六年の間の値上がり幅は大きい。これを見ると、このころはまだ座棺というものがあったのだなあと、妙な感慨を覚える。

使用者の数だが、大人に限っていえば、昭和三三（一九五八）年に六五〇人だったのが、昭和四五（一九七〇）年には一一三七人と、急速に増えている。

市営の火葬場の完成により、郊外の火葬場は徐々に廃止となった。しかし山ノ奥石ケ谷火葬場は昭和五〇（一九七五）年ごろまで使用されていたと、近在の人が話している。おおかたは山ノ奥村の住民であったのだろう。現在、この火葬場があったところには雑草が生い茂っている。そばには多くの墓があるけれど、ここに火葬場があったことさえ、ほとんどの人の記憶に残っていない。いまも郊外に残る古い火葬場は、やがては跡形もなく消え、忘れられていくのだろう。火葬場の隣に工場が建っているところもあれば、すぐ近くまで住宅が迫っている地域もある。

葬儀ビジネスの発展

村の火葬場が使われなくなるのは、誰かが公営の火葬場を利用したのをきっかけとすることが多い。その公営火葬場の利用も、社会情勢の変化と大いに関わりがあるだろう。第一に葬儀ビジネスの発展である。かつては葬祭業界への新規参入は難しかった。遺体搬送車、霊柩車の事業免許がとれなかったのだ。人口に対する保有台数の上限があり、これが厳しい制約となった。葬儀社は、搬送車、霊柩車を持てなければ、事業は成り立たない。言い換えれば、免許を持っている事業者で市場を独占できたということだ。

ところがおよそ三〇年前、自由競争の名のもとに、業界は免許制から認可制になった。いわゆる資本があって、必要な条件さえ満たせば認可はおりる。これによって、いくつもの新しい葬儀社ができた。葬儀部門を新設する企業も出てくる。業界の競争は激しくなっていった。

競争を勝ち抜くために、葬儀社は葬儀会館を所有した。これは、業者にとっては経費削減の意味が大きい。祭壇となる道具はいつも会館にある。寺院や喪家(そうか)へ道具を運ぶトラックが要らない。作業時間と人件費の節約にもなる。何より葬儀進行の主導権がとれる。喪家や寺院へ出張するそれまでの葬儀からみれば、革命的とも言えるものだった。この会場の利点は、葬儀社を潤しただけではなかった。アパートやマンションに住む人、寺院とつながりを持たなかった人には助け舟ともなったのだ。すると葬儀のできる家を持つ人も、所属する寺院のある人も会場を利用するようになる。

こうして葬儀会場は、自宅や寺院から葬儀会館へと移ったのである。これによって喪家、地域の人、僧侶による葬儀から、業者のやり方に従う葬儀へと一気に変わった。守り続けてきた地域の葬送儀礼が消えたといってもよい。

喪家にしても、ただ会場へいけばよい。飲み物から食事まで、注文さえすればよい。次いで派手な宮型霊柩車から、外車をベースにした洋型の霊柩車に変わった。いまや、市街地、農村、漁村をリンカーン・コンチネンタルの、白や黒の霊柩車が滑るように、ゆっくりと走っている。

他方に、人々の思想に制約がなくなり、宗教離れが進もうとしていることもある。家族のかたちも変わってきた。老後をどう生きるか、「終活」などと言われるように、そのあたりの意識も明らかに変わりつつある。

それに加えて、公営の葬祭場の近代化もある。福井市を例にとれば、平成一一(一九九九)年一〇月、安田町に公営の「聖苑」という葬祭場が完成した。市街地からは「聖苑」を結ぶ道路の新設はもちろん、隣にはスポーツ公園サッカー場が完成し、スタジアムもある。

安田町は里山を抱え、足羽川が流れる農村地帯である。住宅地や学校からは離れ、自然豊かな地に建設された近代的な「聖苑」に、忌み嫌われた火葬場という雰囲気はない。無煙、無臭、公害のない近代的な葬祭場である。

その一方で、葬儀ビジネスの発展はとどまるところを知らない。かつては、せいぜい○○家御用達と、死亡広告の隣に小さく葬儀社の名前を出すだけだったのに、いまは新聞やフリーペーパーに、一般葬、家族葬のできる会場の写真を並べた大きな広告を出す葬儀社もある。いや広告を出すくらいは驚くにあたらない。さまざまな文化教室を開き、イベントを開催するなどして未来の顧客の確保に力を入れる。

葬儀のかたちも変わっていく。以前は葬儀を取り仕切るのは男性社員だったが、近頃は若い女性が多くなった。彼女たちは黒のパンツスーツに白い手袋という格好で、きびきびと動く。司会も女性という葬儀社もある。いまや葬儀の表舞台は女性が占める時代になった。男性は裏方、一〇年ほど前の葬儀社は、女性は事務員か雑用係りだったのだが……。

遺族の葬儀に対する意識も変わってきた。誰かが亡くなると、その家の玄関には葬儀社が白黒の幕を張ったのに、市街地ではもうそれも見かけない。玄関には、通夜、葬儀の時間と場所を記した紙を張ったのに、これもない。この張り紙にある時間に空き巣が入るようになったということもあるのだが……。かつて幕と張り紙は、近所への伝達でもあった。それがいまは、何気ない仕方で葬儀の準備が進んでいく。

新聞の「おくやみ」欄にも載せず、家族葬や直葬をすることで、その死は知られることすらないという時代である。

集落の火葬場が使用されなくなるのは当然だろう。近所に迷惑をかけなくてすむ。隠坊がいないという問題も解決する。女性は食事の世話から解放される。これまでは葬送の主な担い手は血縁者、地域の人、僧侶などであったが、業者が多くを代行するようになる。業者は何もかも手際がよい。葬儀に不慣れな喪主は業者が頼りである。いまや葬儀の主導権を握るのは業者である。この便利さの前には村の風習も絆もその重みを失っていくだろう。こうして、政治や経済の変化、地縁の希薄化など、いくつもの要因が連動して社会を動かし、葬送の文化を変えていくのである。

家族葬のはじまり

葬儀ビジネスの発展とも関連して、小さな葬儀、あるいは家族葬が増えている。

獺ケ口（うそがぐち）で出会った谷口と宮本が、「家族葬はこの村には馴染まない。もらったものは返さなあかんから」と言っていた、その「家族葬」とはどんなものなのだろう。

福井県の新聞社の多くは、毎日「おくやみ」欄を掲載している。県下全域の、死亡した人の名前と年齢、住所、亡くなった日、通夜と葬儀の日と時間、場所、喪主が載っているのだ。知人や友人が亡くなってはいないか、情報を得る方法の一つとして、この「おくやみ」欄が必要とされている。高齢者の中には、この「おくやみ」欄を見たいから新聞をとっていると言う人もいる。重宝されている「おくやみ」欄だが、その掲載の方法は多様化してきた。多くの情報を載せる遺族もいるが、近頃ではまったく載せない人も増えてきた。載せても、名前と住所、年齢のみというのもある。

この「おくやみ」欄を見ていると、たいてい葬儀社の会館で葬儀を行っていることがわかる。自宅でというのはほとんどない。ときにある寺院での葬儀は、自坊とあるから、そのお寺の人が亡くなったのである。加えて、増えてきたのが家族葬である。「通夜・葬儀とも近親者にて執り行いました」とあるのがそれだ。死亡したことは知らせるけれど、お参りは不要ということだ。

家族葬という表現が一般的になってきて、すでに一〇年以上経つ。それまでは密葬と呼んでいた。だが、「密葬」というのはイメージが悪い。

葬儀社の大久保重雄によれば、家族葬と言っても本当に身内だけというのから、親戚を含むもの、もう少し広い範囲までと、三パターンくらいあるという。一般葬との垣根は低いが、葬儀社も家族葬専門の小さな式場を備えるようになった。業者には、会場も駐車場も小さくてすむという利点がある。

家族葬が増えてきたもう一つの理由に、一般の葬儀に比べれば、少ない費用ですむということがある。新聞の広告欄には、「家族葬◎二五万！ 搬送、火葬、事務手続きなどを含んでの価格です」などというのが掲載される。家族葬専門の業者もいるのだ。もっと安い広告もあるので、大久保にその内容を訊いてみると、病院からの搬送、ドライアイス、棺、火葬料、手数料のみで、中には遺体は病院で処置してもらっているから納棺（湯灌）をはぶく遺族もいるという。火葬のみの葬儀である。

だが大久保は、家族葬のはじまりには別の理由があったと言う。身内の死亡から、葬儀の準備、葬儀、参列者への対応と、一般の葬儀は慌ただしくすんでしまう。身内だけで、亡くなった人のことを偲んで送ってあげたいという遺族の希望がある。いわゆる「義理の関係を排し」た葬儀の志向が高まってきていることもあるという。

こんなふうにして始まった家族葬だったが、いまでは費用の節約と簡素化に重きが置かれているようにもみえる。身内だけで偲んで送ってあげたいという遺族の気持ちが、いつの間にか、遺族だけで簡単にすませたいに変化してはいないだろうか。また人と人とのつながりが希薄になって、お参りにきてくれる人が少なくなったこともあるのだろう。

獺ケ口の谷口幸男は、「家族葬はこの村にはなじまない」と言った。その理由は

「もらったものは、返さねばならないから」だ。村の人たちがいつも親密なつきあいをしているとはかぎらない。しかし絆は強い。返すのは香典や食材だけではないのだろう。

住職が立ち上がる

葬儀ビジネスの発展によって、「守られてきた葬送儀礼が改変されてゆくことについて、大変な危機感を覚える」と立ち上がった住職がいる。福井県敦賀市（つるがし）の本願寺派寺院住職、瞿曇英哉（くどんえいさい）である。敦賀市は福井県の南西部にあり、日本海の敦賀湾に面している。人口およそ六万六〇〇〇の港町だ。葬送儀礼の伝統を守ってきたこの敦賀にも、すごい勢いで葬儀ビジネスが浸透してきた。葬儀社の数も増えている。

葬儀にはさまざまな慣習があるが、葬儀社によってそれが変えられていく。たとえば、火葬にかかる二時間を、心静かに拾骨（しゅうこつ）を待つという慣習があった。しかし一部の葬儀社は、その二時間を短縮するために遺族を会館に連れ帰り、「なおらい」という会食を先にすませてしまうようだ。「なおらい」とは本来すべてが終わってから、ご苦労さんの意味を兼ねてなされるものなのに、遺族はお腹いっぱいで拾骨に向かうようになったという。これまで敦賀市では、還骨勤行（かんこつごんぎょう）（お骨上げのおつとめ）はお寺でするものという慣習があり、いまでも守られている。それが最近では還骨勤行さえも葬儀会館で行うようになってきた。

こうして葬儀社の提案が慣習を変えていくことに、住職は危機感を覚えている。これではやがて僧侶も寺院もいらなくなる可能性があると感じもしたようである。葬儀ビジネスは寺院の領域にまで浸透してきたのだ。

瞿曇は、「葬送儀礼、最後の一線が危ない！」と大きな声を上げた。すると敦賀市だけでなく、かなり遠方からも、「文化の最後の砦を、商業主義一辺倒から守らなければならない」と考えた住職や門徒が集まってきた。「伝統的な葬儀内容と、時代に合わせて簡略化させる部分との境界について」話しあっていくようである。

「実は、順々と慣習に従ってお見送りしていく中で、悲嘆を共有する人たちが集まり、一緒に過ごす時間を持つことで、悲しむ自分が一人残されることなく、徐々に現実を受け入れていくという、きわめて人間的なやさしさが、この葬送儀礼というシステムにはある」と瞿曇英哉は言う。

お寺の存在を取り巻く環境も大きく変化している。若い世代が都会で暮らし、親世代が田舎の家を守るという家族形態が多くなってきたことから、寺院と門徒との関係性が途切れてしまう危機に面しているというのだ。

「仏教や真宗の教えを広め、人々に信仰をもって生きて頂けるよう働きかける使命はもちろんのことであるが、それとは別にご門徒の方々との仏事に限らない日常のコミュニケーションが、要求される」と、瞿曇はこれからの寺院のあり方にも心を向けている。

お墓もいらないと考える人が増えてきている。ことに若い人の中には、お墓の維持や管理が負担になり、お寺とのつきあいも煩わしいと思う人もいる。隣にどんな人が住んでいるのか知らない地域が増え、他人と深く関わらずに生きていくほうが好まれるようにもなっている。

地域の伝統を受け継ぐはずの葬送儀礼が揺れ続けている時代と言ってよいだろう。葬儀ビジネスの発展によって、葬儀のかたちはほとんど均一化された。A地区の人もB地区の人も、「普通の葬式」と言われるやり方で大切な人を送っている。しかし葬儀のあとの儀礼においてはまだ守り続けられているものがある。たとえば、お盆のお墓参り、精霊流し、遠忌法要など、供養と言われるものである。このほかにも地域によってはまだまだ多くの儀礼があるに違いない。これらの葬送儀礼もやがては簡素化されていくのだろうか。

自分の死についても、尊厳死を考え、また水葬や樹木葬を望む人がいる。宗教性を拭い去ってしまうこと、ここに死をめぐる不安や怖れがないはずはない。かつて農村共同体を中心に、死と向かい合う儀礼として分厚い葬送の文化があった。その伝統を支えてきた土台が、いまたしかに崩れようとしている。それを代替するものが見出されないままに。それらをめぐる人々の心も寄る辺なく揺らぐばかりである。

終章　この村の土になりたい

吉崎と芦見地区とは対照的な地形と自然環境をなす。吉崎には湖から日本海に通じる海路がある。丘陵はあるものの、峻嶮（しゅんけん）な山はない。それどころか、広大な平野と、そこを貫く北陸街道という陸路にも恵まれている。一方の芦見地区は、わずか数十年前に車が通れる道路とトンネルができたばかりである。

開放的な環境の吉崎では、公営の火葬場ができると、集落の火葬場を使わなくなった。建物も姿を消した。一方の芦見地区は福井市と合併したことで、公営火葬場を利用できるようになったが、その歴史はまだ浅い。どちらも蓮如（れんにょ）の布教の影響を強く受けたのに、異なる地形と自然環境のもとに、葬送の文化は大きく異なっていた。だが、開放的な吉崎の自然環境と、閉鎖的たらざるをえない芦見地区とをくらべてみたとき、ふと胸をよぎる思いがあった。

たしかに、芦見地区は出口のない袋のような地形であったから、五〇〇年以上も前から風習も伝統も変わることなく受け継がれ、信仰中心の生活が続いたと、私は思っていた。これは孤立とは違う、と。この地区には濃密な空気がある。それも、別世界のような空気であって、しかも温かい。ただ、その空気が流れていく場所がなかったのだ。

考えてみれば、県道が整備され、市街地や美山町(みやまちょう)の中心部への移動が便利になっても、芦見地区の人口は減るばかりで、外から移住してくる人はいない。この重要な事実に、ようやく私は気づいた。これまで幾度もここに足を運びながら、それとはっきり意識しないままだった。外部からの移住者がいない。そして移住が難しいということは、他の信仰が入ってこなかったということだった。集落の全戸が浄土真宗で、しかも同じ寺の檀家だから、全戸で「講(こう)」や仏事の伝統を濃密に受け継

ぐことができた。

はるか昔から、現在もまた、地形が移住者を拒み、移動を制限することで、集落の人間関係や伝承文化の特質を育んできたとは言えないだろうか。葬送の文化をめぐる旅の途中、私は獺ケ口橋（うそがぐちばし）を渡ってすぐの道路を恐れた。そこにある闇の深さと何かの濃密な気配に怯（おび）えたのだ。夜の深い闇は思い浮かべるだけで恐ろしかった。凍（い）てつく道路や雪崩（なだれ）を恐れて、冬の間は谷間の村に近づかなかった。あれほど何度も、何度も通った美しい村なのに……。

地形は誰に対しても手加減を加えたりし

ない。ここで生まれ育った人と、その人を信じて結婚した人だけが、この地形や風習と呼吸を合わせて生きられるのではないだろうか。そして、その閉鎖性が育んだものこそ、奥へ奥へと、私の旅を誘ってやまなかった、人々と文化の魅力、都会生活からはきれいに拭い去られてしまった、温かく、穏やかで、肌理（きめ）の細かい……いくら言葉を連ねても届かないと思える、時間の流れだったのではないか。それはまた、野辺送りや野焼きの場に流れている時間であり、ただそれを失われゆく伝統文化としてすませるのは、あまりにも惜しいのであった。

もう、集落の火葬場に火が入ることはないかもしれない。当然、野辺送りもなくなるだろう。獺ケ口ではお金がなくても葬儀ができるように、香典のほかに食材をもっていくのだが、この伝承されてきた風習もなくなるのである。

なぜ集落ごとに火葬場があるのか。その因は地域の信仰にあった。なぜ獺ケ口と芦見地区の火葬場は最近まで使われていたのか。いや、これからも使用するかもし

土に還る。

れないが、その因は閉ざされた地形と自然環境と歴史にあるだろう。

神社や道場は、数百年も前から集落の人々が財産を差し出し、労力を惜しまずに守り続けてきたものである。集落の民俗史における貴重な文化遺産といってもよい。道場と密接につながっていた火葬場もまた、集落の文化遺産に違いない。だが、これらの文化遺産も、そう遠くない日に消えていくのだろう。

いくつもの要因が連動することで、葬送の文化が変わった。文化が変わったことで人々の意識も変わる。近代的な設備の火葬場と便利な葬儀を、風習や絆の強さと比較する必要はない。しかし、いまでもこの地の人々には、「この村の土になりたい」という思いがある。これは葬送の文化を生んだ、この土地の信仰と民俗と歴史が結晶したものでもあった。

この思いには、死に対する不安や怯えはないに違いない。残された人も癒される、というより、死者も残された者も、何かに大きく包まれてあるのではないか。それは何も、はっきりと信仰のかたちをとったものである必要はない。その特異な環境と、そこに積もった時間が生んだものに違いないのだ。私を引きつけてやまなかった一つの生き方のかたち、手を繋ぎあうことが育んだのであろう、彼らのその「思い」を受け継ぐことはできないのだろうか。

参考文献

『美山町史』上下巻、美山町史編さん委員会編、福井県美山町、一九八四年
『美山50年のあゆみ――美山町50周年記念誌』美山町市町村合併推進室編集、福井県美山町、二〇〇六年
『美山の郷の風土資産――散策ガイドブック』福井県美山町
『福井県足羽郡誌』石橋重吉編、臨川書店、一九七二年
『新修福井市史２』福井市史編さん委員会編、福井市、一九七六年
『福井県史資料編』一五、民俗、一九八四年
『あわら市北潟村民誌』北潟歴史探訪の会編、北潟歴史探訪の会、二〇一七年
『豊地区誌』増永迪男、中島美千代執筆、福井市豊公民館、二〇〇七年

『蓮如 北陸伝道の真実――孫、子に贈る先人の智慧』宇野弘之、北國新聞社、二〇一〇年
『蓮如実伝』第二部北陸編下、辻川達雄、白川書院、二〇〇四年
『蓮如信仰の研究――越前を中心として』阿部法夫、清文堂出版、二〇〇四年
『講座蓮如』第三巻　浄土真宗教学研究所、本能寺資料研究所編、平凡社、一九九七年

『顕如・教如と一向一揆――信長・秀吉・本願寺』長浜市長浜城歴史博物館企画・編集、長浜市長浜城歴史博物館、二〇一三年
『浄土真宗――保存版』池田勇諦・中西智海監修、渡邉晃純編集代表、四季社、二〇〇四年
一楽真『蓮如』創元社、二〇一四年
『朝倉氏と戦国を生きた芸能者たち――第一一回企画展』一乗谷朝倉氏遺跡資料館編、福井県立一乗谷朝倉氏遺跡資料館、二〇〇〇年
『生誕一五〇年・没後一〇〇年記念岡倉天心展――大観、春草、近代日本画の名品を一堂に』佐々木美帆ほか編、福井県立美術館、二〇一三年
『ふくいの鎮守さま――神と真宗道場が織りなす信仰世界』福井県立歴史博物館、二〇一九年
『火葬場の立地』火葬研究協会立地部会、日本経済評論社、二〇〇四年
『「お葬式」の日本史――いまに伝わる弔いのしきたりと死生観』新谷尚紀監修、青春出版社、二〇〇三年
鯖田豊之『火葬の文化』新潮選書、一九九〇年
瞿雲英哉『自然法爾』第一八号　浄泉寺、二〇一九年
瞿雲英哉『葬送儀礼、最後の一線』浄泉寺、二〇一九年

あとがき

火葬場が出てきて、仰天した方もおられるでしょう。でも、火葬場は美術館や音楽堂と同じで文化施設なのです。火葬場から逆順でたどってきたら、歴史、風土、信仰と、思わぬ方向に進んで行ったのは自分でも意外でした。だけどそれらを含めたものが民俗の歴史だろうと思うのです。

日本中どこの地方にも、その地方の葬送の文化があります。時代によって、また地域によって特徴があるのも当然です。今回は私の住む福井県の一部に残る集落の火葬場から、葬送の文化をたどってみました。そこから見えたものは、伝統にのっとった葬儀とは、ちゃんと悼み、弔いをするものなのだということでした。それによって故人の人生を尊び、残された人は癒されるという、これは民族の智恵の結晶に違いありません。

葬儀ビジネスの隆盛で、葬儀もずいぶん簡素化されてきました。便利な葬送儀礼も悪くありません。ひと昔前のような葬儀に戻ることができないことは誰でもわかることです。でも、亡くなった人を愛(いと)おしみながら思いだすためにはどうしたらよいのかと思うことが、多くなったのも事実です。


この原稿が書き上がるころは、新型コロナウイルスの感染拡大で、肉親や大切な人を失う人が多くなっていました。日本でも世界でも多くの人が悲しみにくれる様子が毎日のようにテレビのニュースでながれていました。

母を失ったある女性は、病院に搬送される姿を見たのが最後となったそうです。また夫を亡くした女性が、夫との面会も看病も叶わず、最期のときさえ、そばにいくことができなかったと、涙をながしておられました。ほとんどの人が肉親の死を受け入れられないようでした。残された人を癒してくれるのは、やはり心おきなく肉親を見送ることだと、あらためて考えさせられます。

本書を手にとってくださった方の「心の手帖」に、何か一つでも記されること、これが著者のなにものにも代えがたい喜びです。

獺ケ口のみなさま、芦見地区の安野久朋様、葬儀社の大久保重雄様にお礼申し上げます。どなたも親切に、たくさんのことを教えてくださいました。この方がたのご協力がなければ、こうして作品としてまとまることはありませんでした。この幸運に感謝せずにはいられません。本書が世に出ることになったのは、ひとえにぷねうま舎の中川和夫様のお力添えのおかげです。ありがとうございました。

令和二年六月

中島美千代

中島美千代

福井県福井市に生まれる.
著書：短詩型評論『おんなの詩小箱』草苺叢書第7編(草苺短歌会, 1994),『青木繁と画の中の女』(TBSブリタニカ, 1998),『夭折の歌人中城ふみ子』(勉成出版, 2004),『釈宗演と明治——ZEN 初めて海を渡る』(ぷねうま舎, 2018).

土に還る(かえる)　野辺送りの手帖

2020年7月22日　第1刷発行

著　者　中島美千代(なかじまみちよ)

発行者　中川和夫

発行所　株式会社 ぷねうま舎
〒162-0805　東京都新宿区矢来町122　第二矢来ビル3F
電話 03-5228-5842　ファックス 03-5228-5843
http://www.pneumasha.com

印刷・製本　株式会社ディグ

ISBN 978-4-910154-07-7　Printed in Japan

釈宗演と明治
――ＺＥＮ 初めて海を渡る――
中島美千代
四六判・二七二頁
本体二八〇〇円

死後の世界
――東アジア宗教の回廊をゆく――
立川武蔵
四六判・二四六頁
本体二五〇〇円

死で終わるいのちは無い
――死者と生者の交点に立って――
三橋尚伸
四六判・二一六頁
本体二〇〇〇円

終(つい)をみつめて
――往復書簡 風のように――
八木誠一・得永幸子
四六判・二九四頁
本体二五〇〇円

折口信夫の青春
富岡多恵子・安藤礼二
四六判・二八〇頁
本体二七〇〇円

この女(ひと)を見よ
――本荘幽蘭と隠された近代日本――
江刺昭子・安藤礼二
四六判・二三二頁
本体二三〇〇円

親鸞抄
武田定光
四六判・二三〇頁
本体二三〇〇円

さとりと日本人
――食・武・和・徳・行――
頼住光子
四六判・二五六頁
本体二五〇〇円

跳訳 道元
――仏説微塵経で読む正法眼蔵――
齋藤嘉文
四六判・二四八頁
本体二五〇〇円

――ぷねうま舎――
表示の本体価格に消費税が加算されます
2020年７月現在